娑婆穢土　誕生成道　垂範四生　度脫九界

藥師本願經講記

慈悲喜捨　四攝教化　超然死生　淨佛國土

太虛大師◎著

太虛法師講

藥師琉璃光如來本願功德經講記

王震題

藥師本願經講記目次

本經科目總表

- 甲一釋名題
- 甲二稽譯史
- 甲三提綱要
- 甲四解文義

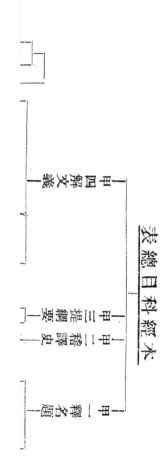

藥師本願經講記序

釋迦世尊，於娑婆穢土，剛強難化之眾生中，誕生成道，垂範四生，度脫九界，其無畏勇猛之精神，誠爲不可思議者矣！故當時所攝化之大小乘弟子，無不具慈悲喜捨，四攝教化，獅吼象步，超然死生，遊戲神通，淨佛國土。法華經云：『眾生見劫盡，大火所燒時，我淨土不燒毀，』 此爲釋迦世尊，及其化眾，即於娑婆穢土，以建立其淨土者；猶彌陀之極樂淨土，藥師之瑠璃光土。蓋十方諸佛，無不本其因中所發之無畏大願，所修之勇猛妙行，行圓願滿，果上之主伴功德備，依正莊嚴成，而清淨國土由之建立。

中國之有佛教，二千餘年，於言教知見上，有歷代古德之闡揚，微言大義，得以不墜；唯於身教行爲上，漸失偉大雄壯魄力，內枯無畏之精神，外鮮有力之德行，缺乏自主，依傍他家，不能修諸佛自力之行願，薦去淨佛國土。故求生極樂之淨土宗，於中國特殊發達，速死之心，切於延生，佛教至此，全成爲消極頹廢，失其活潑生機之天趣，如半身不活之人，非依牆靠壁，不能自立，雖有高深玄妙之教理，不能啓發人生之愚昧，履霜堅冰，由來漸矣。

唯我親教太虛大師，秉釋迦世尊之行願，現彌勒菩薩之化身，於此風雨凄迷，人心墮落之際，高踞獅座，發行正令，提示平展佛教教理爲綱宗，創唱建立人間淨土爲歸趣，二十餘年來，靡間一日，作此深大行願之運動。茲者受四明育王寺之請，講藥師本願經，師述講此經「三因緣」中，謂：釋迦世尊，「將濟生之事，付與東方之藥師，度死之事，付與西方之彌陀。」又謂「然此資生之佛教，即爲釋迦付託與藥師之法門，而說明在此經中者；此於過去專重度亡之佛教，有補偏救弊之功能，尤合於現代人類生活相資相養之關係。』又謂『故今日之學佛者，應將藥師如來如何發願修行之方法，牢記於心，孤掌難鳴，衆擎易舉，集衆人之力量，方可轉此汚濁惡世娑婆，爲淸淨瑠璃也，』親教大師，將個己之扶顚救危之一片婆心，縮寫於此數語中；將十方諸佛自覺覺他之行願，亦揭示於此數語中；久爲一般佛弟子所遺忘之「資養現實人生之佛教」亦活躍於此數語中。至於師之妙無礙辨，海翻波騰，作如理如量之說法，自有本講記爲證，無須贅述。將見此後佛弟子之敎行，藥師與彌陀並重，資生與度亡齊修，而人間淨土，卽以本講記立其基礎焉。

芝峯愚鈍，曾承親教大師之命，於「藥師加被益」之「聞名得益」一文，代講三天，深慚意未融，眞義未顯理，白圭之玷也。四明延慶寺弟子芝峯謹序。

講藥師經緣起

太虛大師講
學僧竺摩記

——在甯波阿育王寺講

今講此藥師琉璃光如來本願功德經，可有三種因緣：

一　近人學佛注重現生應用

人生在世之大事，莫過生之與死，而最難解決之問題，亦唯生死而已矣。是以諸佛興世，無非將自己所證知的如何解決生死問題之經驗與方法，宣揚開示，使一切衆生依之實行而得解決人生最難解決的生死問題。如釋迦世尊之降生爲娑婆教主，應此界之機，示現成佛說法等事，其所爲之目的，即使吾人由之而對生與死之問題獲得相當的或究竟的解決辦法。故吾人稱釋迦爲本師，通常皆目之爲『三界導師，四生慈父,』凡佛弟子,皆奉爲根本之師,亦以現今世上所流傳之佛法,皆導源於釋迦佛也。但中國諸大叢林之大雄寶殿中,皆供三佛,中供釋迦,其左右兼供藥師與彌陀者,正顯釋迦在此界爲主中主,藥師彌陀爲主中賓。主中主者,乃如如不動之無爲妙體,雖無爲而無不爲,一切諸法莫不依止此,一切作爲咸皆歸向此,故能達生死本空而究竟解脫者,卽爲主中主而更不須他求。然對世界衆生之未了生死者,從如如不二之妙體中,開出藥師與彌陀之兩大法門,將濟生之事,付與東方之藥師,度死之事,付與西方之彌陀。蓋東方位四方之首,居四季之春,生長萬物,故資生延壽之事屬之;西方位四方之三,居四季之秋,萬象蕭條,故救死度亡事屬之。是知藥師彌陀,乃從此界釋尊全體所起之大用,雖有消災度亡之別,攝用歸體,咸不外乎無爲而無所不爲之釋迦佛;而體用別論,亦不妨列有三佛也。中國自唐宋以來，於佛法注重救度亡靈或臨終往生，偏向彌陀法門，故以彌陀法門，最極弘盛。中國人有不知釋迦與藥師之名者，而彌陀則人人皆知，可見唐宋後之中國佛教，偏於度亡方面信而有徵矣。由此之故，社會人民往往有認佛教爲度死人之所用，死後方覺需要，而非人生之所須，是甚昧於佛教之全體大用。近年以來佛教漸普及於中國現社會各界人士中，種種經營建立佛教之團體，且依之修學者，不乏其人，尤其注重於應用到現代社會之新佛教精神，如辦佛教孤兒院，義務學校，施醫所等社會公益事業，改善家庭社會之生活，使一般人於現生中得佛法之益。過去偏重於薦魂度鬼之佛教，已一變而爲資養現實人生之佛教矣。然此資生之佛教，卽爲釋迦付託與藥師之法門，而說明在此經中者，此於過去專重度亡之佛教，有補偏救弊之功能，尤合於現代人類生活相資相養之關係，故今有講此經之需要。但人生依是藥師彌陀二佛對於生死二事雖得相當辦法，然究竟辦法，仍在直達如如不動之主中主釋迦佛。此即眞如法界人人本具各各不無之天眞佛也。若能契會於如如理，則眞如境內本無生佛假名平等慧中何有自他形相，涅槃生死等同空花，是則第一義諦中尚覓生死了不可得，何有生死大事之欲待解決耶？良以無始不覺，飄墮於如夢幻泡影之生死海中，旋轉無已，此諸佛所以出世佛教所由建立也。由是而體達生死本空，了不可得，固毋須向外他求；若或生存之欲求未盡，則須仗藥師法門而消災除難，成就福壽，即此人生可得無上利樂。如由父母妻子之相資相生，即成家族，由各個家族相助相養，即成社會，由維持社會秩序，即成國家，乃至諸國互濟相資，即成全人類世界。不但此也，即宇宙間之形形色色，動物植物，皆有相生相養相資相成之關係，而搆成有情與器世間也。

復次，世界既有成住壞空，則衆生棲息其中，亦有生老病死，死生生死，生死流轉，故無生而不死，或死而不生者，所謂「死者乃生之始，生者乃死之終，」正明生死不斷。而生時卽有父母妻子，朋友，家族，社會種種關係，若能依此消災延壽之法門，作種種資生之事業，則生之問題解決矣，然死後須隨善惡業因，昇沉於天上人間鬼畜地獄，若依出世三乘敎法修行，卽得超越輪廻六趣，或依彌陀法門而得生淨土，則死之問題解決矣。故人生時則有相資相生之關係，依佛教法，得消災延壽之益；臨命終時，則轉生善道，或往生淨土，乃至六親眷屬，廣作佛事，水陸空行，超度亡靈，而人世之生死二大事，均有辦法矣。故於釋迦佛法中，濟生之事，須藉此經，度死之事，乃屬彌陀等經。今欲將唐宋以來偏重度亡之佛教，變爲適應今日現實人生之佛教，以逗近人學佛注重現生應用之機宜，乃提倡講演此經之第一因緣也。

二　中國名東震旦土卽爲東方世界

藥師佛所住之東方琉璃世界，乃以此娑婆世界爲標準而言。謂從此界東去經十萬殑伽沙（恆河沙）世界，有一國土，名淨琉璃，其佛名藥師琉璃光。此以佛眼視之，十萬殑伽沙世界外之世界，亦猶吾人視法堂前之舍利殿耳；而在凡夫觀來，渺渺茫茫，不可捉摸，非特想像不能及，卽言說文字亦莫能到，入於不可思議矣。但依佛法而隨順凡夫心量，不妨將廣大之事，縮小而說。假如以釋迦佛降生之中印度，當爲娑婆世界，則從中印度經東印度及諸小國而至東震旦土，（亦譯支那，天竺，身毒，眞丹。震旦者，八卦東方曰震，東方日出曰旦，皆符萬物生長義。）則東震旦土即可視同東方琉璃世界也。不但此也，即此世界人類之思想，文化，道德觀之，吾人所居之東震旦土，亦與東方琉璃世界之藥師法門相符。蓋吾中國之思想文化，如孔，孟，老，莊等學說，及堯，舜，湯，武，周公等古聖先賢，皆重於人生道德，修養，修身，齊家，治國，平天下等，皆現生之事。若由中印度而西之天方，猶太，埃及，希臘，羅馬等古國視之，就其所倡之摩西，基督，回回等教，說世界人類爲上帝所創造，人生在世無別事，只求死後回復到上帝之天國，故其對現實人生更不求辦法，唯一之目的，在求上帝哀憐早生天國，故皆偏重於死事。由此將範圍縮小觀之，以中印度爲娑婆，由中印度而東至震旦土，宛然東方之藥師琉璃世界也。且其注重資生事業，尤皆與藥師淨土極相符合；中印度而西至猶太羅馬等，偏於度死之事，正近似於西方極樂世界之往生法門。由是觀之，今東方中華民族之東震旦國，其民族性，及古聖先賢之道德文化，皆與琉璃世界之藥師法門相宜，乃提倡講演此經之第二因緣也。

三　依藥師琉璃世界建立新中國及人間淨土

依據前二義以合明之，謂此藥師經中，釋迦佛說東方有琉璃世界，其世界有藥師琉璃光如來，其世界如何嚴飾，其佛因地時如何發大願利樂有情而得此報，乃至於中有日光月光等菩薩住其中。若近攝之爲東震旦土，卽可視爲現今中國人民之理想國。如何實現此理想國？則佛教中所謂「三界唯心萬法唯識」，依吾人心理中所想像之琉璃世界爲模型，如工程師之先有計劃圖樣，依之而施建築工作，則此東震旦土，亦卽可成爲琉璃世界。故願吾國人民，應以琉璃世界爲理想國，定爲趨向之標準，依藥師之本願而發願，使將來世界如何如何，集修衆行，則因圓果滿，琉璃世界實現匪遙矣。再推廣言之，以今世交通所及之地球人類，概依藥師如來如何發願修行而成琉璃世界之方法行之，則人類之理想世界，亦不無實現之希望也。故今日之學佛者，應將藥師如來如何發願修行之方法，牢記於心，孤掌難鳴，衆擎易舉，集衆人之力量，方可轉此汚濁娑婆爲清潔琉璃也。以今日重重困陷於水深火熱中之中華人民，尤宜急依此法，以求安全之出路，卽今全世界人類鬥爭熾然，人命朝不保夕，亦唯依此藥師消災延生之法，乃能轉禍爲福：則提倡講演此經之第三因緣也。

依此藥師經而作延生法事，雖尙流行於中國，然能講解修行者，則如鳳毛麟角，就吾數十年足跡之所至處，皆未遇見講習此經，今能於此釋迦如來舍利道場之阿育王寺宣講此經，亦誠爲現代佛教中極可紀念之一盛事也。

二十三年，古四月，廿四日，記。

藥師琉璃光如來本願功德經講記

太虛大師廿三年四月在甯波阿育王寺講　竺摩記

今講此經，總分爲四：一釋名題，二稽譯史，三提綱要，四解文義。

甲一釋名題（二）

乙一分釋（五）

丙一藥師

「藥師」者，卽吾人日常所誦之消災延壽藥師佛。藥師乃梵音「鞞殺社窶嚕」之義譯，亦可稱爲大醫王佛。所謂佛爲無上醫王，拔除衆苦善療諸病，故以藥師爲喻。藥乃世間指爲治病之物，例如藥店中所陳列之藥品。但以佛法言之，不惟人於得病時方喫藥，凡世界衆生，無時不浸在惑業苦之病中，身心充滿諸病。

若身病，則有世俗物藥可治；若心病，則須以法藥之對治。在藥之意義上說，藥是治病之物，若無病，則非藥，故從無病非藥之反面而顯有種種治病之藥。然亦不外二種：一治身病之物藥，一治心病之法藥。

物藥者，卽世間治身病之藥。中國自神農嘗百草製藥以來，爲物藥之發源。但物藥非唯草木等植物，卽金土炭石等礦物，飛禽走獸等動物，皆爲製藥之原料，吾人試檢店中所製之藥，其要素原料皆不外乎此礦物，植物，動物之三種。但依藥病之本義言之，則唯病時爲病藥時爲藥，此屬狹義。若廣義言之，則寒而需衣，餓而需食，倦而需住，困而需行，乃至旅行憊倦以舟車代步，睡眠來時以床座歇息；此饑，寒，困，倦等無非是病，此衣，食，住，行等無非是藥。總之，人生之有需要無非是病，所需要者，無非是藥，故衆生充滿諸病，宇宙萬物莫非藥也。此以普賢菩薩與善財童子之一段問答因緣，更可顯明藥與非藥之意義：一日普賢命善財入山採藥，凡能爲藥之草木，皆可採來。而善財踏徧山岩，徒手而歸。詢之，則言滿山皆藥，無從採起。普賢又命入山，將非藥者採來。善財依然空手而歸。再詰之，則見滿山，又皆非藥，亦無從採起也。此其從是藥之心視之，故滿山皆藥，從非藥之意看之，故滿山皆非藥。是知藥與非藥，全在醫生之得當與否，得當則砒霜亦可爲藥，不得當則人參亦能死人。故從廣義言藥，雖宇宙萬物皆可爲藥之原料，若不經醫生配製礦植等物，又皆非藥，藥須經醫生製方配成，方可治病。又藥中復有丸，散，膏丹等已製成之藥，此即所謂『祖傳秘方』『配時雖無人識，良心自有天知』隨時可以治病者。綜上而知物藥，不外三種：即有礦植，動物等爲藥之原料；以之有按製方配之藥；有丸，散，膏丹等已成之藥。

法藥亦有三種：一經律論，二五乘，三乘一乘，三陀羅尼。佛依衆生而施設經律，皆爲對治衆生身心之病，衆生墮無明惑，得業報身，充滿諸病，佛說諸經諸律，廣爲醫治；乃至菩薩聲聞結集經律，造論申義，眞理重重，法門無邊，取之不盡，用之不竭，亦猶充滿宇宙間之礦植等物，皆爲藥之原料。雖然衆生有八萬四千病，佛說八萬四千法門，對機施藥；方能治病，故有五乘三乘一乘之教法。五乘，即人乘，天乘，聲聞乘，緣覺乘，菩薩乘。爲人乘則施五戒十善之法，對治五逆十惡之病；爲天乘則施四禪八定等法，對治散心位中諸病。此二乘爲出世三乘之基礎，必經之階梯，故亦說爲五乘共法。推而上之，復說出世三乘共法，使聲聞緣覺依四諦十二因緣等教法，滅除三毒煩惱，解脫生死病苦。聲聞等所行四諦等法，雖屬二乘，而爲大乘之所共行，故亦曰三乘共法。又爲一類發菩提心，修大乘行之機，遂直施一乘不共之教。佛對衆生之根性差別，而施五乘三乘一乘之法藥，亦猶世俗醫師，對病人而製方配藥也。陁羅尼者，此云總持，總持無量教法；亦云遮持，遮一切惡病，持一切善法。此能治一切病，亦猶物藥中之丸，散，膏，丹，爲祖傳秘方，不可示人。蓋總持咒語，義不可解，且亦無須推尋其義；若能依之修持，身密結印，口密持咒，意密觀想，三密相應，便得遂願所求，解除生死，消滅過患，得大妙用。如此經中之藥師咒，若能依之誦持，亦可消災獲福，有起死囘生之功效也。綜上藥與非藥，列表於下：——

- 藥
  - 物藥
    - 礦植動物
    - 製方配藥
    - 丸散膏丹
  - 法藥
    - 經律論
    - 五乘……三乘……一乘……
    - 陀羅尼
- ○——○ 非藥
  - ○○○○

「師」者，正顯其能以物藥法藥，善治衆生身心之病，謂之爲師。古謂藥師，義兼醫師。前明礦植動物之物藥，與經律論之法藥，皆須得師調製方可爲藥，若無師，藥亦無。唐黃蘗禪師所謂『大唐國裏無禪師，』復言，『不是無禪，乃是無師，』故以師爲最要。世俗如神農扁鵲等以物藥治身病，卽爲物藥之師，佛以種種法藥，善治衆生之病，故爲法藥之師。地上菩薩對地前人言，亦稱藥師，而對佛言亦爲病人。蓋微細無明未盡，猶須佛之法藥治。故地前菩薩對二乘人天言之，亦稱藥師，對地上菩薩言，亦爲病人。乃至人天對邪外衆生言，亦稱少分藥師，但推而上之，實是病人也。唯邪外衆生，但屬病人而非藥師。又九界凡聖，皆爲病人，唯佛界乃爲究竟無上之藥師也。若從非師邊言之，則邪外人天等皆爲非師，二乘菩薩少分屬非師，唯佛不在非師中攝。又佛之法身，偏一切處，隨物應生，神變莫測；而自受用身，住佛自果功德，現他受用，應地上機，爲地上師；現大化佛，應地前機，爲地前師；現小化佛，應二乘人天之機而爲師；現隨化佛，應人天及邪外之機而爲師；是故唯佛一人，乃爲究竟藥師。今復以表明之：——

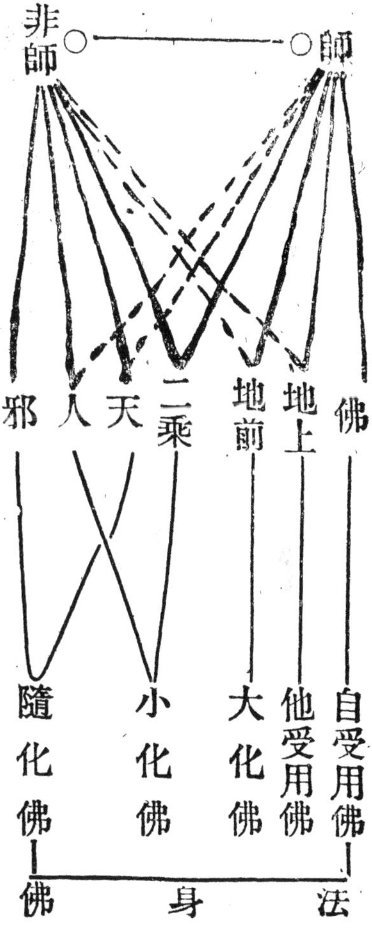

丙二琉璃光

「琉璃光」者，合梵華方言。梵音爲「薜琉璃鉢拉婆喝囉闍也。」琉璃具云薜琉璃，或吠琉璃，平常聞見琉璃二字，卽想到大殿中懸於佛前之琉璃燈的體質，其實不然，琉璃乃順梵音薜琉璃相近而譯，其義爲青色寶——卽寶石中之蔚藍色者。寶石卽同寶玉，其體透明，如天青之色，有晶瑩之質，表裏洞徹，內外相映，所謂琉璃光者，卽此天青寶中所含之淨光。其爲相也，如萬里無雲蔚藍深青之天空，充滿杲日光輝；由光明清淨故，更顯其高遠蔚藍；由高遠蔚藍故，更顯其光明清淨，可以彷彿似之。此無雲無障之清空，卽顯絕言絕相之如如第一義空，於此如如第一義空中，充滿般若之如如無分別智光，由般若無分別智照第一義空之境，同時由如如境而顯如如之智，境智如如不二，卽是青色寶光之琉璃光也。又四寶所成之須彌山，其覆於吾人所居南閻浮提之上者，卽吠琉璃寶。吾人對高日麗天逈無雲翳障隔之晴空，卽爲吠琉璃寶所放之青色寶光，此顯離垢眞如，或出障圓明之如來藏，蓋由天空一切障翳淨盡，所顯潔無瑕疵之吠琉璃寶光，亦猶以般若無分別智掃空無明惑染，而照耀眞如法界如來藏性也。復次，此琉璃光義，與今日中華人民所欲實現之理想目標，亦極相符。蓋孫中山先生以青天白日爲建立中華民國之國旗，此青天卽琉璃寶，白日爲琉璃寶充滿之淨光。佛陀說法，無不契理契機，此琉璃光尤深契第一義空境智如如之理性，與中華民族建立民國之機宜也。

丙三、如來

「如來」者，可綜上藥師與琉璃光二義而顯之。如卽琉璃光，來卽藥師。如卽琉璃光者，不變不異謂之如，無二無分別，偏一切處，盡未來際謂之如。謂如如智契如如理，如如理冥如如智，理智泯合，故曰如如。亦卽根本無分別智證於根本無分別之眞如妙性。此眞如妙性，地前三賢二乘未證，地上菩薩分證，唯十方諸佛，究竟明證，猶吠琉璃寶光之純淨圓明也。來卽藥師者，諸佛契證眞如妙性，自他平等，不可思議，但以十方衆生，迷而不學，妄想顚倒，未能證得。爲欲令除顚倒之妄想，撥無明雲霧而見佛日麗天，乃由大悲願力，從眞如性中來示成佛，應病施藥，敎化衆生，此非來卽藥師乎？如來之梵音爲「呾他揭多」，亦卽餘經『多陀阿伽陀，阿羅訶，三藐三佛陀』中之「多陀阿伽陀」。總之，約證眞如妙性，皆屬於如；在現身說法敎化衆生之來去生滅行住坐臥等儀相，皆以來義攝之。故如來者，來卽非來，非來而來，自其來義觀之，若行，若住，若坐，若臥等，皆卽如而來；自其如義觀之，若行，若住，若坐，若臥等，皆卽來而如。故不於行住坐臥等中見如來，亦不離行住坐臥等中見如來。金剛經所謂：『如來者，無所從來，亦無所去，諸法如義，名爲如來』也。

丙四　本願功德

藥師果上所成之功德莊嚴，皆出本因地中行菩薩道時所發之大願，由此本因地中所發大願而成果德莊嚴，故名本願。但諸佛菩薩因地所發之願，有通有別。通願者，卽『衆生無邊誓願度，煩惱無盡誓願斷，法門無量誓願學，佛道無上誓願成』之四弘誓願。亦可加『福智無邊誓願集』爲五願。然此第五願已在第四『佛道無上誓願成』中攝盡，蓋所成之佛道，卽福智兩足尊也，故毋須再立第五之願。此爲十方諸佛菩薩所發之通願。其於通願中各有別願者，卽如彌陀之有四十八願，藥師之有十二大願，乃至其餘諸佛所發之八願四願等，皆爲別願。而諸佛菩薩所發通別之願雖無量無邊，不妨彌陀以四十八願爲本，藥師以十二大願爲本，乃至一一佛各有其根本願，以攝其餘諸願爲枝葉，故本願又卽根本願也。所謂發願者，卽普通所謂立志，志既立定，則抱有志者事竟成之決心，雖赴湯蹈火，亦所不辭，以達到其目的爲止。如普通人入學校，進教會等，亦須立志願書，方能允可。志之所在，爲成功建業之本因，故立志願者，誠人生先決之問題也。諸佛菩薩因地發願，亦復如是，誓願既定，雖經艱難困苦，而必具不屈不撓之犧牲精神，實現其所志之目的。但其所以與普通立志不同者，以諸佛菩薩因地中發上求佛智下化迷情之願，皆從淸淨心中出發，謂由五徧行中思心所；五別境中欲心所，勝解心所，慧心所；十一善中信心所等以成，非但別境之欲也。又稱爲誓願者，誓爲誓約，正明志願既立，復以誓約束，則非志願完成不可。故平常所謂人之患者，患不立志，若志既立，必定成功。今菩薩既立衆生無邊誓願度等志願，雖經若干波折違礙，亦必有達到目的之一日，如江河百川之水，雖經山丘土石之阻，而終匯於海，所謂『溪澗豈能流得住，終歸大海作波濤』也。故自諸佛菩薩之通願觀之其所發誓願，無量無邊，而本此誓願修行所證之果，其施設普濟羣生之法門，亦無盡無滯也。自其願上之誓以觀之，例如彌陀之願成佛時，名稱普聞，若問我名，皆得往生，若不得成，誓不成佛；則今日彌陀既已成佛，其所誓亦必成矣。又如水陸儀軌上每有『惟願不違本誓』，此不違本誓，爲保持人格信譽之要素，若違背本因誓願，則卽爲自欺矣。卽如中國古來之聖賢，凡有所爲，務必躬行實踐，成其志行。故學佛者，亦須先發誓願，範圍自己，督從自己，鞭策自己，觀夫諸佛菩薩之皆有本願可爲殷鑑也。

復次雖有本願，必藉功行圓滿，方使其本願之得遂，如發衆生無邊誓願度等四弘誓願，則須修六度四攝等諸勝行，功成果圓，方能實現衆生無邊誓願度之理想；若無功行，有願徒然，故平常謂發菩提心，修菩薩行，此菩提心卽上求佛道下化衆生之心，此菩薩行，卽四攝六度等萬行。四攝者：布施，愛語，利行，同事。六度者，布施，持戒，忍辱，精進，禪定，智慧。必藉此等功行圓滿，方得果位莊嚴妙用，是卽所謂功德也。功德謂功家之德，但有功所顯德，與功所生德，所顯德者，卽無爲性德，如如本具，但因妄執着覆蔽而不能彰顯，若修六度等功行圓滿，掃蕩無明障翳，卽顯於本然性德也。所生德者，卽如修六度萬行，由布施故，得種種法財珍寶，乃至由禪定故，得種種自在妙用。故由功行，有所顯德，亦由功行，有所生德；而此二德，咸由本因地誓願所起功行而成就者。故藥師琉璃光如來之依正莊嚴果德，亦由因地本願策發功行以圓滿焉。

丙五經

梵語「修多羅」，或「素怛纜」，此翻爲「經」。直譯其義爲「線，」如布帛須經緯線而織成，散亂之花，線能貫穿，正顯法界諸法，生佛平等，不增不減，而衆生迷故，散亂忘失，不成體系，諸佛如證而說，故如握網之綱，貫穿而顯現也。又修多羅廣則總包一切經典，狹則唯局十二部中修多羅部之直說者。又佛時藉音言以聞法，初無寫本，佛後由衆弟子之結集，貫穿佛語，猶線串花而成經本也。經在中國訓「常」，訓「法。」蓋古聖先賢之言敎，足令萬世奉為圭臬，而四海效作模範者，則謂之經。此與佛之修多羅相當，故譯為經，又譯「契經。」有契理，契機二義。契理者，佛之說法，皆與眞理契合，為實相印與三法印印定，方可稱經，否則說同魔外。契機者，佛所說法為使衆生開示悟入佛之知見，若不能悟他，等於廢話，故須契機方得其用也。上來分釋經題已竟。

乙二合釋（四）

丙一藥師琉璃光

「藥師琉璃光，」正是此佛之別號，雖是別號，而此藥師琉璃光，亦正為一切佛及菩薩共證共修之悲智。由大悲心故，倒駕慈航，應病施藥，而為大藥師，度無明顚倒之衆生，出生死險惡之苦海，故成其為大悲藥師。但獨悲不能成事，須藉琉璃光之無分別妙智，方可成滿因中不思議之本願，而發生不思議之德用。由不思議之大悲，起無分別之妙智，由無分別之妙智，成不思議之大悲，則藥師琉璃光之義彰矣。此以藥師與琉璃光爲並列之悲與智，卽六合釋中之相違釋；若藥師之琉璃光，卽依主釋；若藥師卽琉璃光，亦持業釋。

丙二　藥師琉璃光如來

「藥師琉璃光如來」者，藥師琉璃光，爲此佛別名；如來，爲諸佛之通號。其能有被稱爲如來之資格者，皆已五住究盡，二死永亡，位登妙覺極果，化被九界羣機者。而此藥師琉璃光，於諸佛自覺覺他之本領，應具盡具，故亦稱爲如來。但藥師琉璃光爲別義，如來爲通義，攝通就別，依別名通，故今言藥師琉璃光之如來，乃依主釋也。

丙三　藥師琉璃光如來之本願功德

「藥師琉璃光如來之本願功德」者，正顯此經乃說藥師之本願功德者；謂本因地中所發之誓願，而成果位之萬德莊嚴。此亦爲六合中之依主釋，故經中文句，可合可分，分則每一文句，各自獨立，以表其義；合則如線串珠，可貫穿攝持也。

丙四藥師琉璃光如來本願功德之經

「藥師琉璃光如來本願功德之經」者，此以能詮之言教爲經，所詮之義理，爲藥師琉璃光如來本願功德。所詮義別，唯局此經，能詮教通，通於經律論三藏中之經藏，依別名通，依主釋也。若從廣義言之，一切諸佛之教理行果，皆名爲經。故此所說藥師佛之義理行果，亦卽是經，如此則藥師琉璃光如來本願功德卽經，亦持業釋，故曰：藥師琉璃光如來本願功德經。

甲二稽譯史

唐三藏法師玄奘奉詔譯。

此稽譯史，卽考此經譯來之歷史。佛經皆須考其譯史者，明其來源，方可證信。中國之佛經，皆出翻譯，因佛降生於中天竺，當時以音聲說法，原無經典，後經弟子結集，始有梵本文字。又印度文字，亦極複雜，而其古來最通用者，厥唯梵文，故中國經典，多譯自梵文。但亦有其他文字，如南方之巴利文等。故中國之經典，有自梵文譯來，有自巴利譯來，而大乘經典，多譯自梵文。亦有從印度先傳丘慈于闐等國而間接譯來中國者，由梵語而成華言。但此經在中國曾經五譯，今此流行本言唐三藏法師玄奘奉詔譯，正爲五譯中之第四譯。今略明五譯之概史於左：

乙一 晉帛尸梨密多羅譯

在六朝之初，東晉之時，有西域三藏名帛尸梨密多羅者，此云「吉友」（善友之義）初翻此經，名佛說灌頂拔除過罪生死得度經，但無獨立本，乃附於佛說灌頂大神咒經中。此經古有十二卷，今在清藏合訂六卷，而屬於最後一卷。此帛尸梨密多羅三藏，爲中國密宗經典初翻之人。普通謂密典至唐善無畏金剛智不空等時始有，其實唐前已有，如大灌頂神咒經，大孔雀王經等，皆屬密部。又謂唐前爲雜密，言其未成系統，但此爲唐人言論，其實東晉吉友等翻大灌頂等經，亦爲中國密典之叢書。而此師爲中國唐前之極重密宗者，亦見其所從來之西域，其時密部已極流行，故翻譯時，將此藥師經，亦攝入大灌頂神咒經之最後品。故此大灌頂經，亦猶大寶積經之糅集多經而成，在此師譯附於大灌頂經觀之，固視爲密宗之經典也。

乙二宋慧簡譯

此在東晉後，南北朝之劉宋孝武帝時代，有慧簡法師，在鹿野寺，二翻此經，名藥師琉璃光經。今藏經中，已佚此本，但古大藏目錄中，尚載其名。又在達磨笈多第三譯之序文上，亦敍述其事，故信有此譯也。

乙三隋達磨笈多譯

在六朝之末，隋文帝大業十一年時，達磨笈多，復翻此經。達磨譯法，笈多譯行，即法行三藏所譯，法行爲主譯，尚有餘人爲助譯，故其經上表法行等譯。名佛說藥師如來本願經。序因慧簡之譯，於梵文華文未善，故作第三譯云。

乙四唐玄奘譯

今本題『唐三藏法師玄奘奉詔譯，』卽此第四譯是。玄奘三藏於唐太宗貞觀初年間，因感經典義理殘舛，發願入印求法，所謂策杖西遊周歷諸國。居印度十七年，徧學大小乘敎典。至貞觀二十年外，重回中原，從事譯經。在中國譯經史上翻譯最多，亦最正確，推爲第一。今此藥師琉璃光如來本願功德經，卽其所譯。玄奘其名，三藏法師乃所稱之德號，以其能通徹經律論三藏之法，依此爲師，且能將三藏法廣爲宣揚，爲人天之師，故名三藏法師。其譯經歷唐太宗唐高宗兩朝。奉詔譯者，卽奉太宗或高宗之詔，建立譯場。其翻譯時，有度語者，筆受者，證義者，潤文者多人，而以唐三藏爲主，故標以斯名耳。

乙五唐義淨譯

自唐太宗後，經過唐高宗，至武則天朝，約在玄奘三藏後二三十年間，有義淨法師者，踵法顯之芳躅，慕玄奘之高風，徧遊印度，歸而復譯此經，名曰藥師琉璃光七佛本願功德經。然玄奘既譯此經，淨義何須再譯，其所以重譯者，藥師佛雖與奘譯相同，而餘六佛，則爲奘譯所無，故須重譯。其譯本今在藏中上下兩卷，七佛本事，備述其中。總觀其全文，初亦由曼殊室利菩薩，請佛說諸佛名號本願功德。釋迦佛乃告曼殊室利，東方去此，過四殑伽河沙佛土，有世界名曰無勝，佛號善名稱吉祥王如來，彼佛國土，清淨莊嚴，乃至初發心時，發八大願等；此爲第一大段之文。復告曼殊室利，東方去此，過五殑伽河沙佛土，有世界名妙寶，佛號寶月智嚴光音自在王如來，乃至彼佛初發心行菩薩道時，亦發八大願等；此爲第二大段之文。復告曼殊，東方去此，過六殑伽河沙佛土，有世界名圓滿香積，佛號金色寶光妙行成就如來，乃至彼佛初發心時，發四大願及見衆生苦惱，爲除業障，卽說神咒等，此爲第三大段之文。復告曼殊，從此東去，過七殑伽河沙佛土，有世界名無憂，佛號無憂最勝吉祥如來，乃至彼佛世尊行菩薩道時，發四大願等；此爲第四大段之文。復告曼殊，從此東去，過八殑伽河沙佛土，有世界名法幢，佛號法海雷音如來，乃至彼佛行菩薩道時，發四大願等；此爲第五大段之文。復告曼殊，東方去此，過九殑伽河沙佛土，有世界名善住寶海，佛號法海勝慧遊戲神通如來，乃至彼佛行菩薩道時，亦發四大願等；此爲第六大段之文。以上六佛，初二佛，各發八願；後四佛，各發四願。此總爲卷上之文。其卷下之文，卽從此娑婆東去，過十殑伽河沙佛土，有世界名淨琉璃，佛號藥師琉璃光如來，從初發心，卽發十二大願，且有咒語等，皆與今本相同，惟藥師佛說咒後之經文，較今本稍異。今本咒後之文，明聞藥師佛名所獲之利益；而彼則皆明聞七佛名號之利益，此其不同一也。又彼於藥叉神將，聞七佛名號已，發願衞護是法，時諸天人之衆，有疑惑不信者，佛知彼等心念，卽入驚召一切如來甚深妙定，十方世界六種震動，七佛應召，來會證盟其事，爲今本所無，此其不同二也。復次七佛既來，卽異口同聲說大神咒，其咒名如來定力琉璃光，亦爲今本所無，此其不同三也。其後執金剛菩薩，與釋梵四天，復說一咒，亦爲今本所無，此其不同四也。最後執金剛菩薩，復說一咒，又爲今本所無，此其不同五也。是故彼經共有五咒，卽初香積佛說除業障咒；二藥師佛說消災咒；三七佛說咒；四執金剛與釋梵四天說咒；五執金剛說咒是也。今大清龍藏中，尚有番字藥師七佛本願功德經，考其文義，與義淨所譯相同。昔人認作梵文，實爲西藏文本，此諳藏文者，一見卽知也。此西藏番字本亦譯自印度梵文，故與義淨之譯相同，今存藏中，卽在淨譯之下。今聽講所用民國十一年之甯波版本，其說咒語與舊本不同者，卽自番本中錄出。以其誤認番本爲梵文，故抄錄之，然實非梵文也。如「薄伽筏帝」其爲「八葛五帝」等，與西藏音相近，是其明證。又奘譯無咒，其咒乃自淨譯中添入，而義淨譯自梵文，故知今所誦之咒，乃唐譯梵音。如上所言五譯之同異，其藥師佛之文旨大同，而與七佛詳略差別。又中三譯無咒，前後二譯有咒，復加西藏之番字本，此爲本經譯傳中國之略史。由是觀之，初帛尸梨密多羅所譯有咒；且屬大灌頂經之一品，則此經屬於密部。自第二第三第四三譯觀之，既無咒語，復無說咒之文，則此經卽近於淨土經典。迄至義淨之譯，前後五咒，則此經又屬密部無疑矣。由比五譯之相異，亦可窺見佛教流行變遷史之一斑。蓋帛尸梨密多羅來自西域，想其時西域密教已甚盛矣，而在印度中國則未極流行，以宋隋及唐玄奘時，印度中國皆大乘性相法幢高建，故其譯此近淨土經也。及義淨時，印度密教復盛，故其譯時，多添咒語，則此復屬密部焉。此在佛經翻譯史上，佛教因各處地域之異，各時趨勢之別，亦隨之而變易，然吾人亦正由是而可知佛教變遷之歷史與情勢矣。由上說來，知今誦講之流通版本，非全出玄奘所譯。其咒乃從義淨譯本增入，卽文句亦間參揉淨譯。故今本可說爲奘淨二譯之合訂本。且民十一本尙誤刊「厭」「一魔」一等數字，及在觀世音菩薩等名上，增添「南無」二字，較諸舊流通本，不無出入。此乃總稽本經譯史之概要也。

甲三提綱要(二)

未講經文之義，先提綱要者，如網得綱，萬目皆彰，如衣提領，全襟齊直。聞者能握得此宗要，則全經文義，自可了然。通常解釋經題，如天台之五重玄義，賢首之十重玄談等；今在此經之釋名題，考譯史，提綱要亦可攝之。蓋隋唐前諸德開講玄要，本無固定的呆板的方式，亦不斤斤乎五重或十重，其講解時，每就各經之所宜，懸談大義。今提綱要等，亦與其理相合也。此經之總綱，可作兩大段觀：一智示藥師依正行果，二悲濟像法轉時有情。

乙一　智示藥師依正行果

此經之綱宗，可由曼殊與佛之問答中顯示。如金剛經須菩提問佛『云何應住？云何降伏其心？』由此兩大問題，引起佛之解答，已將金剛經綱宗，昭然如揭。本經云：『爾時曼殊室利法王子，承佛威神，從座而起，偏袒一肩，右膝着地，向薄伽梵，曲躬合掌，白言：「世尊！惟願演如是相類諸佛名號，及本大願，殊勝功德！」』此以曼殊之大智，上求佛道，故作此問。由此問，故佛說藥師佛之名號，國土，及其本因地中行菩薩道時所發十二大願，與夫果德圓成之依正莊嚴，此一大段文義，爲本經上半部之綱要，亦卽「藥師琉璃光如來本願功德」之所由立名也。

乙二悲濟像法轉時有情

曼殊之問，含有二義，初以大智感佛說藥師本願行果功德。次曰：『令諸聞者，業障消除，爲欲利益像法轉時諸有情故，』此由曼殊之大悲下濟有情，故發斯問，感佛說藥師本願功德，使諸問者得大法益，拔除業障，消災安樂。此皆由曼殊之大悲心所驅使而發問，故佛讚許言：『曼殊室利！汝以大悲，勸請我說諸佛名號本願功德，爲拔業障所纏有情，利益安樂像法轉時諸有情故。』故此一大段文，爲曼殊大悲恩濟像法轉時之有情，爲本經下半部之綱要。但此大段文中，又可分爲兩段：一拔除一切業障，二十二神將饒益有情。

丙一拔除一切業障（二）

丁一如來加被

此言聞說藥師名號，本願功德，依之修習，卽可拔除一切業障，得大利益安樂，蒙佛加被，消災延壽，故此經亦名拔除一切業障得度生死經。但此中亦可分二段言之：一聞名滅罪往生，二誦咒除病離苦。

戊一　聞名滅罪往生

聞名滅罪往生者，卽諸愚癡無智衆生，闕於信根，生造諸不善業，死招三途極惡之報，但由聞此藥師名號本願經故，便得滅罪往生。如云：『爾時世尊復告曼殊室利童子言：有諸衆生，不識善惡，惟懷貪悋，不知布施及施果報，愚癡無智，闕於信根，多聚財寶，勤加守護，見乞者來，其心不喜，設不獲已而行施時，如割身肉，深生痛惜。復有無量慳貪有情，積聚資財，於其自身，尚不受用，何況能與父母妻子奴婢作使及來乞者？彼諸有情，從此命終，生餓鬼界，或傍生趣。由昔人間，曾得暫聞藥師琉璃光如來名故，今在惡趣，暫得憶念彼如來名，卽於念時，從彼處沒，還生人中。』從此等文下，皆由聞名滅罪，並得轉生善道，或往生淨土者。

戊二　誦咒除病離苦

上言聞名故，蒙佛加被，拔除業障，得生善處。今明若能念誦藥師眞言，卽可消除病苦，延壽益壽。如言：『曼殊師利！若見男子女人有病苦者，應當一心，爲彼病人，常清淨澡漱，或食或藥或無蟲水咒一百遍，與彼服食，所有病苦悉皆消滅。若有所求，志心念誦，皆得如是無病延年。命終之後，生彼世界，得不退轉，乃至菩提。』此言於此眞言若自誦若敎人誦，皆得消災獲福者也。

丁二 有情奉持(二)

此言若人信受奉行誦讀此經，卽得獲福免難與救命延壽之二種功德。

戊一 獲福免難

若能依敎修行，受持此經，卽於現實人生，獲福免難。如云：『復應念彼如來本願功德，讀誦此經，思惟其義，演說開示，隨所樂求，一切皆遂：求長壽得長壽，求富饒得富饒，求官位得官位，求男女得男女。』此言讀誦此經，故卽於現生遂願所求，獲大福利。今之欲長壽者，卽言衞生；欲富饒者，購有獎劵；欲作官者，乞憐權門；不此之圖，其愚誠不可及也！又云：『或有水火，刀毒懸險，惡象獅子，虎狼熊羆，毒蛇惡蠍，蜈蚣蚰蜒蚊蝱等怖。若能至心憶念彼佛，恭敬供養，一切怖畏，皆得解脫。』如是等文皆言持誦此經，卽得免除種種患難也。

戊二救命延壽

上爲佛說消災周。此乃救脫延壽周。救脫菩薩爲利有情故，示現種種延壽之法，使諸有情壽命相續。如救脫菩薩答阿難言：『大德！若有病人，欲脫病苦，當爲其人，七日七夜受持八分齋戒，應以飲食及餘資具隨力所辦，供養苾芻僧，晝夜六時，禮拜行道，供養彼世尊藥師琉璃光如來，讀誦此經四十九遍，燃四十九燈，造彼如來形像七軀，一一像前各置七燈，一一燈量大如車輪，乃至四十九日光明不絕。造五色綵旛，長四十九搩手，應放雜類衆生至四十九日，可得過度危厄之難，不爲諸橫惡鬼所持。』此爲救身病以延身命者；復有救國難以延身命及救諸難以延諸命等文，皆救命延壽之法也。

丙二十二神將饒益有情

此卽藥义誓護周十二藥义神將，因聞佛說此經功德，卽發願於後末世，擁護此經，利樂有情，所謂『我等今者，蒙佛威力，得聞世尊藥師琉璃光如來名號，不復更有惡趣之怖。我等相率，皆同一心，乃至盡形歸佛法僧，誓當荷負一切有情，爲作義利，饒益安樂。』是故此經，亦名十二神將饒益有情經，不無所以也。以法臨像季，道高一尺，魔高一丈，行者因魔障故，唐捐其功。故先以曼殊之智悲感佛說法，復得藥义神將擁護，是法誠難事也。昔之講者，往往將十二神將之文判入流通，實則應歸正宗。蓋像法轉時，荷負是法，甚仗藥义神將饒益有情；況釋尊定此經一名十二藥义神將饒益有情，理宜歸屬正宗分也。上來所言兩大段文，由曼殊之大智示藥師佛之依正行果；復由曼殊之大悲濟渡像法有情；而此悲濟像法轉時有情文中，復分拔除一切業障與神將饒益有情二段，則此全經之總綱彰矣。

前來釋名題，稽譯史，提綱要之三科，可爲經前之玄談，但尤重於提綱要。蓋提其綱要，則全經段落章句，昭然分曉矣。且菩薩之法，不外上求無上菩提，下濟有情諸苦，故徧一切大乘經旨亦可於此曼殊之問而顯之也。又如菩薩造論，意在自利利他，故經論中言其緣起時，皆曰『為正法住世，利樂有情故』所謂正法，即諸佛菩薩因中所發之誓願，藉此修行而得證佛果依正莊嚴；亦使聞者依此修持而得佛果者是。如此經所明藥師因果功德，吾人依此修行亦可同證。又菩薩不同凡夫自私自利，其一舉一動，一言一行，皆以利樂有情為前提，普為衆生方是菩薩發心。故菩薩之行位愈高，其悲願愈切，末世衆生愈苦惱，則菩薩愈顯其悲濟之能事也。通常所謂『好醫門前病人多』菩薩亦復如是，病苦之衆生愈多，愈為其深切悲願之所關也。復次像法多魔，不特出世善法不易建立，即世間善法亦受邪魔外道襲擊與覬覦而欲毀滅之。故此經實由諸佛菩薩之悲願與夫藥叉神將之護持，得以建立世出世間善法於今日，使衆生依而修持。自其屬淨典觀之，則為隨願往生修行不退於琉璃淨土；自其屬密典觀之，則可拔除業

障消災延壽於娑婆當人故此經乃兼具淨土眞言無量法門之功德者矣

甲四解文義(三) 乙一敍請分(二) 丙一敍述證信(二) 丁一聞時主處

如是我聞，一時薄伽梵，遊化諸國，至廣嚴城，住樂音樹下。

今已入文，但欲解釋，須分段落，方顯文義。中國自晉道安法師已來，皆以序正流通三科，詮釋經文，妙能契合天竺菩薩釋經之方式，故千百年來，胥依循之。雖然三科大旨相同，而名稱不妨隨宜而異，故今解此經，亦分敍請正說流通三分。自如是我聞下，爲敍請分，自爾時佛告曼殊室利東方去此下，爲正說文；自爾時阿難白佛言世尊當何名此法門下，爲流通分。敍請文中，又分通叙與別敍，通敍爲證信敍，別敍爲緣起敍，今此如是等文，卽證信之敍。此證信敍，古來解釋二家不同：一出龍樹大智度論，明六成就：如是爲信成就；我聞爲聞成就；一時爲時成就；薄伽梵爲法主成就；廣嚴城爲住處成就；至下與大苾芻衆等爲聽衆成就，佛經有此六種成就，方可崇信。二出親光佛地經論明五種證信，其言如是爲指法之詞，乃通指此經而言，如言如是之法，爲我結集者所親聞。或如是之法爲當時佛在某處所親說，而有法會大衆之所共聽，敍以證信，乃具五重：即一如是我聞。爲親聞證信；一時，爲說時證信；三薄伽梵，爲說主證信；四廣嚴城爲說處證信；五與大苾芻衆等，爲聽衆證信。此二解，雖稍有出入，然其理亦大致相同。今依五重證信講之。

「如是」二字，集古德之解，有十七種，或二十一種之多。於中亦可作如此說：如者，維摩所謂：『一切法皆如也。』諸法緣生無性，當體如如，見此如如眞理者爲是，不見即不是，故曰如是。又佛說法，契理契機，契理即眞爲如，契機所宜爲是。今解結集者言，如是之經，爲我親聞，非輾轉由他而聞，更非由外道天魔等而聞，乃依佛宣揚，爲我親聞。此言「我」者，似與佛法常言無我無人無衆生無壽者之理相違，其實不然，以佛法言人法無我，乃無凡夫外道迷執之我，非無假名之我。凡夫衆生上自天人，下至鬼畜，皆有俱生我執，恆執此五蘊業報之身爲自我。而凡夫中之外道者，更於五蘊身上妄起計度分別我執，或計「色」爲我，如言色大我小，我在色中，或色小我大，色在我中，或計「受」爲我，或計「想」爲我，或計「行」爲我，或計「識」爲我。如是等執，過患無量，故佛經說五蘊無我，卽破此凡外妄計之我。金剛經云：『無我相，無人相，無衆生相，無壽者相，無法相，亦無非法相』，此之謂也。但五蘊法雖無實我，亦不妨以我爲五蘊和合假相之代名詞，隨俗稱謂，藉以辨別賓主，以便彼此呼應。如育王寺之名，本無固定之物，乃是由數百畝之山地，數百餘之住衆，及千百年來之儀軌等衆緣湊合而成之假相而已。故泛常亦稱五蘊和合之假相爲我，原無實體。今此言我，乃當時結集此經者，對法會大衆之自稱，但其與凡夫之稱我不同，乃爲無我之假名我，以內無凡外妄計之執。故金剛經所謂『如來說我者，卽非是我，是名爲我；』故此無我之我，純爲對機而稱。又有深義者，此無我之我，乃諸法無我理所顯之眞如實性，此中無自他彼此相，無好惡是非相。結集此經之菩薩，深達此諸法空性而假呼我名耳。

「聞」者，依字義解，如平常言，眼見耳聞等，則爲耳根所聞，其實耳根不能聞，聞者屬耳識，不過以根爲增上緣，聲爲所緣緣，識種爲親因緣，三緣和合方能發識以聞。但耳識聞聲時，無文義相，須待同時意識生起，方有文義相現以成了別音義之用。故此聞之成就，操諸意識，是則由耳根發耳識，由耳識聞聲音，由意識了別音義也。但旣由根塵識三和合而聞，何不言耳等聞，而言我聞耶？然曰耳聞，則通諸耳，不能表現結集菩薩之親聞；菩薩爲舉親聞證信，故云我聞也。

「一時」者，卽舉佛說法之時以證信。其不指出某年某月某日某時者，因世界地域不同，年月日時，隨之而異，故不固定說爲某時。如今地球上各國所用之歷本紀載時間，各各相異，卽以中國言之，有陰歷，有陽歷，陰歷之初一，非陽歷之初一，陽歷亦然。又如印度以初一至十五爲白月，十六至三十爲黑月，而以黑月之十六爲初一，亦與中國，適得其反。又佛說法時而天上時而人間，隨衆生之知解，所見各異，故諸經中皆不說定其時。而此所指之一時，卽佛說此經結集菩薩與法衆共聽之時也。

「薄伽梵」者，爲舉說法主以正信。薄伽梵亦作「婆伽婆」，譯音之異。其義爲「吉祥王」「大威猛」「極尊貴」等等。因其含義甚多，故不翻譯。中國譯經，有五不翻，此爲多含不翻。但亦有翻爲世尊者，卽經中如來應供至天人師佛世尊之十號中最後一號。亦有自如來至佛爲十號，以世尊爲總稱。佛之德號，蓋佛於六凡三乘世間中最極尊勝，所謂天中天聖中聖是也。故此薄迦梵，卽指佛而言。但佛爲諸佛十號之通稱，三覺圓萬德具，皆號曰佛；然以此土之敎主爲釋迦佛，故只舉一佛字時，卽顯爲此土之釋迦佛。若他土諸佛言此佛時，則須冠釋迦之名，方可區別。然佛佛道同，說此佛世尊，卽通說十方諸佛世尊，說此佛法時，卽通說十方諸佛之法，故佛常言『住世四十九年，未曾說過一字』，正明此佛所說之法，乃爲過現諸佛所同說之法；而吾人推崇本師，言此法爲此佛所說，而佛實非以說法者自居，故說此佛所說之法，卽過現諸佛所說之法，亦無不可。

「遊化諸國至廣嚴城，住樂音樹下，」此說佛說法之處所，以爲證信。佛自證菩提，先至施鹿林中，爲五比丘轉四諦法輪，然後遊化經摩揭陀國迦蘭陀國等，而至此廣嚴城。諸國，於仁王護國經說十六國，或說佛滅度時，十六國王共爭舍利。故知佛說，實有諸國。此指人間而言；若其遊化天上及龍宮華藏等，廣施法雨，化無量衆，則諸國之所包廣矣。廣嚴城，卽毘離耶城之譯義，此城廣大，人民豐富，樓閣修飾，極其莊嚴，故以爲名。樂音樹爲樹名，其樹林中，迦陵頻伽，出和雅音，微風吹動，天然歌樂，故以爲名。此廣嚴城，喩如甯波；樂音樹則如甯波之阿育王寺。佛遊化經此，卽憩息樹下，說法，此爲住處證信，亦猶今之開會講經，必有其住處也。

丁二聽衆法會

與大苾芻衆八千人倶，菩薩摩訶薩三萬六千，及國王大臣，婆羅門居士，天龍八部，人非人等，無量大衆，恭敬圍繞，而爲說法。

由前聞時主處，已可證信。但爲流傳千古，不使稍有懷疑，故此復引法會大衆證信。如彌陀經等引衆證信，並列其名，如長老舍利弗等，而今唯言苾蒭等衆。苾蒭與比丘音同，有言苾蒭指香草，從喻立名。其實同音譯比丘。比丘譯義甚多，而其本義，厥惟乞士。乞士者，乞食以活身命，乞法以資慧命。乞食以活身命者，依出家法，捨棄家產，遊化人間，乞食活命，隨處宣敎，度諸有緣，威儀端嚴，導俗敬信，令施食者，廣種福田，故乞食資身，屬利他德。乞法資慧命者，乞求佛法，慧命相續，功德成就，乃屬自利。具此二德，方號苾蒭。苾蒭衆中，其無學者，爲大苾蒭；未具戒者，有沙彌；又依戒律，在家出家，各有男女二衆。而此專指苾蒭衆者，衆爲僧伽和合之義。此大苾蒭衆已證四沙門中果，爲衆中上首故。此苾蒭衆，數有八千。復有菩薩摩訶薩其數三萬六千者菩薩具云「菩提薩埵」。菩提爲無上覺薩埵爲有情。正顯菩薩初發心時，卽上求正覺下化有情。約四弘誓願說，法門無量誓願學佛道無上誓願成爲上求；衆生無邊誓願度煩惱無盡誓願斷爲下化。但約廣義言，從初發心至等覺地，皆爲菩薩，則此爲初心耶？抑等覺耶？故以摩訶簡別，摩訶爲大，卽大菩薩。自十信初心菩薩，至初住位，復經十住，十行，十迴向，至登初地卽稱大地菩薩，乃證諸佛菩薩所證之眞如實際理地，方稱爲大；具無量義利故爲多；居三乘之首故爲勝。具此大，多，勝三義，方是菩薩中之摩訶薩。今此會中，摩訶薩衆，三萬六千。苾蒭衆爲佛近眷屬，常隨侍佛；菩薩衆乃佛之大眷屬，能助諸佛轉法輪者。國王爲一國之主，猶今共和民國之元首，總統，或主席。大臣爲國王之輔弼，左宰右丞，以及文武大官，皆輔助國事者；如今之院長，部長等。婆羅門此譯「

淨裔。」釋迦佛未應世時，印度有外道言天地萬物未生之前，有大梵天，超然獨上，人類萬物由之而生。又其生時，有自脚底而生，有自兩膝而生，有自兩肩而生，有自其口而生；此爲形成印度四姓階級之因素也。而此婆羅門種，卽由梵天口生。梵爲「淨」義，故曰淨裔。此婆羅世掌全國文化事業，教導人民，如中國古之文人大儒，教育民生；而居執軍政之刹帝利上，故知印度實爲教重於政之國。居士乃素封之家，可端居東道人士，爲農工商界之領袖，社會之優秀份子也。如是等衆，皆爲人間聽法之衆。復有天龍八部，無量大衆。奘師譯本天龍之下，加有「藥叉」二字；今本則無，乃將藥叉，攝八部中。天在人上，有欲界天，色界天，無色界天，三界共有二十八天。龍在通常專指興雲施雨者；在佛教中，具大神變，有大威力，護天護人，皆爲龍衆。「藥叉」卽「夜叉」，譯「勇健」，言其威猛神武，是大力士。又譯「捷疾」，言其陸空飛行，往來迅速。平常水陸道場中，發符使者，卽此藥叉神將。八部者，卽天，龍，藥叉，乾闥婆，阿修羅，迦樓羅，緊那羅，摩睺羅伽。此中略去藥叉以下。國王大臣等，皆是人衆，天龍藥叉等，爲非人衆，故曰人非人等。如是苾芻等無量大衆，隨佛往樂音樹下，恭敬尊重，圍繞於佛，求佛說法，故啓下文曼殊之問佛。佛既有如是等盛會勝事，故結集者，敍述流通以證信也。

丙二禮請許樂（四）　丁一敬禮

爾時曼殊室利法王子，承佛威神，從座而起，偏袒一肩，右膝著地，向薄伽梵，曲躬合掌。

此文之下，爲敍請分中第二科禮請許樂，爲此經之別敍，亦名爲緣起敍，此中有四，一敬禮，二啓請，三讚許，四樂聞。今爲敬禮之文。敬禮者，以表三業清淨，恭敬歸佛，若無懇切至誠之心，則雖曲躬合掌，徒然無益。故須意業敬之於內，身業形之於外，頂禮膜拜，然後口業唱讚歎詞，故知敬禮卽建立於三業之恭敬上。又三業恭敬，則身意嚴淨，與諸佛無漏功德相應，則無明貪慢等，皆可折伏；尤足除憍慢嫉，生信慚愧。故平常學佛者，見佛聞法，先致敬禮，即有此等意義。又由衆人三業恭淨，能使法壇嚴肅莊重；亦猶世俗開會設宴，須先潔淨場所，方可欵待於大賓也。

「爾時」者，即當爾之時，當佛在樂音樹下大衆圍繞說法之時，法會摩訶薩衆中有曼殊室利者，從座而起。曼殊室利，即文殊師利，譯音稍異。其義譯爲「妙吉祥」—妙即曼殊，吉祥即室利，顯其於諸法中，最爲吉祥。又稱大智曼殊室利，表其智慧最勝，以佛弟子各有一勝，此曼殊即菩薩衆中智慧最勝，不唯於釋迦佛法中智慧最勝，即於十方諸佛法中，咸皆智慧最勝。又佛果功德，不可思議，須藉因地菩薩，以表顯之，故曼殊之大智，即表佛果之智德，如普賢之大行，觀音之大悲，亦皆表佛果之一德。尤其是曼殊之大智，特表諸佛功德所由生起之般若無分別根本智（亦曰實相智，如理智）以顯圓滿難思之智海也。曼殊室利稱法子，亦稱童子。法王爲佛之德號，佛具如來等十號外，復有無量德號，如一切智者，最勝者，大醫王，大悲救世等，而法王亦其一也。法王自其字義研究之，法之一字，義無邊際，徧一切處，無非是法。法華云：『我爲法王，於法自在；』卽解王爲自在之義。但欲解王，須先明法。法在天親菩薩解『諸法無我』句，說有五位百法。五位者：一心王法，二心所法，三色法，四不相應法，五無爲法。百法者，卽所謂：『色法十一，心法八，五十一個心所法，二十四個不相應，六個無爲成百法』是也。但五位百法中以心法居首者，『一切最勝故』以一切諸法，莫不由此心法而轉變而顯現，故諸法中以心法爲最勝，而心法卽爲法王矣。然心法人人皆具，凡有心者皆可爲王，則不能顯法王所以爲法王之殊勝。或以諸法實相之眞如爲法王，卽維摩對彌勒所謂：『一切法皆如也，彌勒亦如也』之如。蓋諸法因緣而生，緣生無性，當體卽空，卽空所顯眞性爲如，故眞如法性，常常時，恒恒時，安住不變動，而自在爲法王義。設如此言法王，則作法王比前更易，以草木瓦石以至一塵一芥一色一香，無非眞如，則隨拈一法，皆爲法王，益不能表顯佛爲法王之殊勝，故又須以無漏智德爲法王，以表特勝。蓋前明心法，乃以有爲法爲法王；次言眞如，乃以無爲法爲法王；而比無漏智，乃徧有爲無爲究竟眞淨之法王。佛無漏智，卽無上正覺智，故佛亦號覺王。由此無漏無分別智斷惑證眞，方顯證眞如爲諸法之王；否則障蔽不顯，何以爲王？故須以無漏智伏滅一切煩惱，廣修六度萬行，漸轉八識而成四智，至轉第八識爲大圓鏡智，方爲眞正法王。而大圓鏡智唯佛果方具，故唯佛爲無上正覺之法王也。曼殊獨稱法王之子，以能傳佛心印，繼承佛位，如太子之繼父王位。然如此以稱法王子，亦宜於彌勒等，以彌勒繼釋迦之後成佛故也。因是曼殊之獨稱法王子，又有殊勝意義。蓋曼殊表根本般若無分別智，無漏淸淨不可思議，與佛果難思之根本智體如如不二，所有佛果功德皆由此智而生，故曼殊之獨稱法王子，卽依根本無分別智，表其獨勝也。由是觀之，此經之明佛果依正莊嚴功德，尤重大悲利他，非法王之佛，不足以說此；亦非法王子之曼殊不足啓此。至如彌陀經由舍利弗啓請，大彌陀經由阿難啓請，觀無量壽經由韋提希啓請皆問往生淨土法門，因念佛而解脫，以淨土爲歸宿，偏屬自利；而此經由大智曼殊之大悲而啓發，欲以利樂有情，則專重利他也。承佛威神，從座而起，正顯非仗如來大悲願海之威神力，雖曼殊亦不能起於此座；亦卽曼殊之智乃承法王之智而起，故曰「承佛威神，而起此座。」此座者，正是自證境界之位置，自六凡衆生以及三乘聖人各有其自住境位，而曼殊此時卽從其自位之座起而上求佛道，下濟衆生也。偏袒一肩者，印度慣習比丘等所穿之禮服平常兩肩遮覆，遇禮佛時，卽袒一肩，以致恭敬。右膝着地者，右卽左逆右順之意，表與佛意順契。又一肩表上承佛德；右一膝着地表下濟衆苦。又普通以右臂右膝動作較爲方便，表曼殊由智悲所起之方便用，能上同諸佛慈力，下濟衆生悲仰也。如是儀容端嚴，恭敬向薄伽梵曲躬合掌。曲躬卽低頭鞠誠，合掌表福智兩足。又十指並豎，卽表布施等十度，而前五度屬福，後五度屬慧，故與佛之福慧兩足尊相應也。

丁二啓請

白言：『世尊！惟願演說，如是相類，諸佛名號，及本大願，殊勝功德；令諸聞者，業障銷除，爲欲利樂像法轉時諸有情故。』

此爲啓請之文。曼殊於無量衆中，啓請世尊演說如是相類之法。演如流水不絕。喻佛法音演演相續如是相類，卽指下文諸佛名號，及本大願殊勝功德如是相類之法。又相類之言，亦通指他經如是之法。如下文云：『亦如西方極樂世界殊勝功德等無差別。』此顯佛已說過彌陀經等諸佛名號，及本大願殊勝功德如是相類之法。今曼殊追憶所及，故言如是相類。諸佛名號，此卽經藥師佛等名號，及其依正莊嚴。本大願，卽本因地中初發心行菩薩道時所發通願別願，由是而成佛果功德故此殊勝功德之言，通因通果由因地殊勝之願行功德方成佛果殊勝之福智功德。此上數句，請佛說法，使自了知佛果功德，可稱自利；而亦爲利他，故故言『令諸聞者，業障消除，爲欲利樂像法轉時諸有情故。』此言障者，通「惑」「業」「報」三障。惑障有煩惱障與所知障，煩惱障亦曰事障，斷之較易；所知障亦曰理障，欲除則難。此二通名惑障。惑卽煩悶惱亂，使心神不甯故名障；業爲作業，卽是行爲習慣，如人習染不良嗜好，雖樂善事，而欲作不能故爲障；報卽苦報，由惑造業招感報體，報體陋劣以不得自在故爲障。然考苦報由來於業，業由來於惑；惑由貪等惑而業而苦，使吾人長淪三有，不獲出期，所謂『我昔所造諸惡業，皆由無始貪瞋癡，』可慨也夫！雖然，業處惑苦之間，實爲諸障中心，能將業障消除，惑苦自滅，如截木心，兩頭自斷，故聞佛法，先令業障消除，則像法轉時之有情，乃可以利樂矣。像法者，蓋佛之教法住世有三時，曰正法，曰像法，曰末法，正法住世，見佛聞法，卽能得果，以諸三乘賢聖等衆，皆爲已熟之機，一遇勝緣卽得斷惑證眞，佛滅度後，一千年間，亦有聲聞菩薩住世行化，人民不生邪解，不起邪行，易以修行得果。一千年後，卽爲像法。或以像爲形像，佛既滅世，鑄像代佛，及塔廟中皆供佛像，故亦稱佛教爲像教，其實此義不然，如言設像佛世優塡王亦已雕佛像，卽於末法豈無佛像？故像法言乃指像似之法，已失其眞，言至其時，雖則修行者有，證果者難，而於佛法既鮮實證，故已失眞。迄今末法，非唯證果者無，卽眞能實行者，寥如晨星，雖有少數，亦多盲修瞎練，可憫殊甚！故正法住世，百修百證，及至像法，修行者百，取證者不得其一。蓋像法多魔，不易取證，卽多退墮，如今世修行未證眞聖果，來世業增，前功盡棄！而有勇猛有情，努力勤修，今世不證，來世再修，黽勉求證，其志可嘉，然其事極艱難而可悲憫，故菩薩爲下濟有情之大悲心所驅策，求佛說法，獨標利樂像法轉時諸有情者，不無深意焉。

丁　三讚許

爾時世尊，讚曼殊室利童子言：「善哉！善哉！曼殊室利，

汝以大悲勸請我說，諸佛名號，本願功德，爲拔業障所纏有情，利益安樂像法轉時諸有情故；汝今諦聽！極善思惟！當爲汝說。』

此稱曼殊爲童子，童者獨也，表般若無分別智，獨一無二。又此無分別智出障圓明，最極清淨，一切無漏功德，皆由此生。蓋眞見道位，此智現前，捨前諸漏，具足無漏，故稱爲童子，卽表根本智。善哉善哉、乃雙歎之詞，以曼殊之問，具足上求下濟之義故。諸佛名號本願功德，此非過去諸佛，卽指現在十方諸佛。說諸佛法，故可令聞者業障消除，解脫諸纏。縛卽纏縛，如人犯罪，杻械枷鎖，被縛其身，不得自在；衆生被三障所纏，囹圄其身？亦復如是。若能聞法修行，卽可解脫諸縛，出三界樊籠，如鳥翔太空，魚遊淵海，得以逍遙自在也。雖一切時，皆有業障衆生，今曼殊唯指像法者，正爲像法有情，極可悲愍；佛體其意，歎爲甚難，故允所求。汝今諦聽，極善思唯爲誡勸詞。諦者審也，誡聽法時，須深審察，一字一句，不得含糊，方能得益。既審聞後，又須如理思惟，乃與無漏法義，善能契應，此乃由聞慧而起思慧也。又善謂善巧，能善巧思惟，卽可觸類旁通，會融其義。須能如是聽法，方不辜負說法者心，故先警誡。

丁四樂聞

曼殊室利言：「唯然，願說，我等樂聞！」

曼殊既蒙世尊讚許，心懷踴躍，隨聲作答，故曰唯然。唯然，形容其答應得迅速自然，毫無勉强，故常人答應之快者，亦曰唯唯。樂字之本義爲音樂之樂，圈入聲，爲快樂之樂；今爲好樂之樂，宜圈去聲。

上爲本經緣起之敍，依曼殊之問及佛之讚許，說此經之緣由，可以顯矣。如金剛經之法會因由分，善現啓請分，皆爲說經之緣起也；故此亦可稱曼殊啓請分。

乙二正說分（二）丙一示體相（三）丁一總標依正體

佛告曼殊室利：『東方去此，過十殑伽沙等佛土，有世界，名淨琉璃！佛號藥師琉璃光如來，應，正等覺，明行圓滿，善逝，世間解，無上士，調御丈夫，天人師，佛，薄伽梵。

從此文起，爲正說分之文。於中先示體相，後明機益。此經之體相，卽以藥師佛果依正功德，及其依正功德所由成之本因願行，爲此經特有之體相。通常判經之體：曰實相，曰眞如，曰中道第一義，往往侗儱含糊，不能彰顯各經之特殊體。如以眞如爲體，則諸法緣生無性，卽空之所顯，通於一切；然於其中不妨地以堅爲體，水以濕爲體，是則如是諸法，各有別體。故今明此經，卽以藥師之因果依正，示其體相；由此體所起之功能，卽全體大用也。後明機益，卽顯衆機聞此法所獲之益利。乃此經之功用也。示體相中分三科，今第一總標依正體。

總標依正體者，有世界名淨琉璃，卽總標藥師依報之體；佛號藥師琉璃光等，卽總標藥師正報之體。佛告曼殊室利，卽佛向曼殊室利說，從此娑婆世界東去，經過十殑伽沙等佛土，有一世界，名淨琉璃，其土有佛號藥師琉璃光。殑伽沙卽恆河沙，奘師以前多譯恆河沙，奘師以後，多譯殑伽沙。恆字音短，殑伽音長，稍有區別，實爲一河。恆河在印度，亦猶中國之黃河。有言其發源於天上，實則出之阿耨達池，如中國古探黃河之源於星宿海，而今日考察所得，實與長江同出自青海。故黃河之與青海，亦猶恆河之與阿耨達池耳。恆河多沙，佛說法處，多在恆河流域，故爲順便通曉起見，經中遇說數目極多時，卽以恆河沙爲喩。如七佛藥師本，則從四殑伽沙說起，今本但明藥師佛土，故眞從十殑伽沙說。佛土卽世界，一佛土，卽一大千世界。淨琉璃卽清淨青色寶，言其國土居七佛之後，最極清淨，無漏莊嚴，故前言青色寶時，以萬里無雲之白日清空爲喩也。此藥師佛，具足十號：一如來，義如前。二應，亦譯應供，梵音「阿羅訶」，依法華論，有十九義，通常或三或五。言應受人天供養，應已斷惑證眞，應更不受生死，而應供之義，通聲聞獨覺。三正等覺亦作正偏知，梵音「三藐（正等）三菩提（覺）」菩提是法，今從能覺證此菩提者言，故亦云三藐三佛陀。四明行圓滿，亦稱明行足，明爲智，行卽萬行，明以智慧爲先導而修萬行，故能成福慧兩足尊也。五善逝，善能順法性而寂逝，蓋佛用而常寂，住於無住涅槃。不同二乘子縛已斷，果縛猶在，住於有餘涅槃；而佛五住究盡，二死永亡，爲度生故非生現生，非滅示滅，雖現生滅，而常寂靜，故云善逝。六世間解，佛具十力等智，事理相性，明解照了，如脫桶底。七無上士調御丈夫，亦作無上丈夫調御士。士爲人中才智之多能者，如普通社會農工商中，以智足多謀文武雙全有力用者，名之爲士，故亦以無上之士稱佛也。調御丈夫者，丈夫爲有大志荷大事者。平常僕妾之於男子，亦稱丈夫，正顯丈夫勇敢無畏，善能調御一切，如善騎馬，調伏猖獗。喻佛善能摧伏魔軍，駕馭三界之衆生也。八天人師，佛爲三界之導師，四生之慈父，故名。九佛，梵語「佛陀」，此云「覺者」，三覺圓滿，故號爲佛。無明漏盡爲自覺，調化衆生爲覺他，自覺之果圓，亦卽覺他之行滿也。十薄伽梵，卽世尊，涅槃等言，自如來至佛爲十號，薄伽梵乃十號之總稱。而佛地，唯識等則將無上丈夫調御士合爲一號，故自如來至薄伽梵，方成十號。此二說者，各有其根據也。

丁二別陳行果相(三) 戊一行願(三) 己一總標大願

曼殊室利！彼世尊藥師琉璃光如來本行菩薩道時，發十二大願，令諸有情所求皆得。

此文下爲示體相中第二別陳行果相。行爲因中所發誓願，果乃佛位所成之果德。此中復二：一行願，二果德。行願文中復三，今第一總標大願也。彼世尊，卽指藥師如來，以釋迦爲此土之佛，故以藥師爲彼。由藥師琉璃光如來本行菩薩道時，發十二大願之二句，則本願二字亦顯矣。此十二大願，在藥師未成佛之因地中，同爲凡夫，行菩薩道時所發。道爲菩提行之總相，但道雖廣，可攝爲三十七道品，卽三十七菩提分法。其修道所獲之果爲菩提，亦名爲道；其修因之差別行爲分法，亦名爲道品。欲證菩提涅槃之果，須由所趨之道路，如行者達其目的，須由路途。此舉道之總相。若別明眞菩薩道之自體，由初發心三慧所起：由聞教故生起聞慧；聞而極善思維，如理作意，卽成思慧；然後如實修習，卽成修慧。成聞慧時，與信相應；成思慧時，與戒相應；成修慧時，與定相應。由修集資糧至加行位，引發根本智無漏無分別般若之大慧，復由根本智而起後得無分別慧，所謂加行無分別慧，根本無分別慧，後得無分別慧，皆由加行慧而引發；各以慧爲自體，與諸善心所及善徧行，善別境等相應而起者。卽由善等心所相應，根本親證諸法眞如自性，起後得智通明法界事理。與此無漏智相應而等起施戒等萬行，皆爲修習道行。故有道自體，道引發，道相應，道所緣、道等起，綜合之皆爲道也。十二大願者，爲藥師如來因地所發之本願，蓋其所發四弘誓願爲通願，此爲別願。發願卽是立志，由內心策發，確立而定。以此志願督促之，鞭策之而行其道，方遂其願。如地發芽，生根不動，而得成婆娑之大樹。但普通人雖亦立志，督策自己，然因志意薄弱，見色聞聲，往往情不自禁，不堪外境之誘惑，而爲其所轉。諸佛發願，與之迥異，既發願已，三業依之修習，堅固無有動搖，由此必證菩提，故能令諸有情所求皆得。蓋既證菩提，則一切行願之所求，自然滿足矣。由本行二句，行道發願，智斷成就；由令諸二句，廣被有情，恩德成就矣。

己二別陳諸願（十二） 庚一正報莊嚴

第一大願：願我來世，得阿耨多羅三藐三菩提時，自身光明，熾然照耀無量無數無邊世界，以三十二大丈夫相，八十隨形，莊嚴其身；令一切有情，如我無異。

此別陳諸願，即有十二大願。概而言之，此中自第一至第五願，乃依四諦中滅道二諦境而發；自第六至第十二願，乃依苦集二諦境而發。而前五願中更可分別第一第二依所證滅諦果而發；後三依菩薩所修道諦而發。後七願中前三後三皆由苦諦而發，然苦因於集，故中間一願乃依集諦而發。今此第一願明藥師之正報莊嚴。

願我來世得、阿耨多羅三藐三菩提時，換言之，卽藥師在因地行中說，願我當來成佛之時也。成佛一名，每多濫稱，其實須成阿耨多羅三藐三菩提時，方稱成佛，梵語「阿」，此云「無」。「耨多羅」此云「上」，卽是無上最高之義。「三藐三菩提」，譯「正等覺」，亦「徧正覺」，或作「正等正覺」，此菩提覺之上，復加阿耨多羅與三藐三之言，正簡此覺與泛常之覺有異，泛常覺冷熱是非等曰感覺，曰知覺，自以爲覺，實則迷而不覺，乃顚倒妄想之錯覺。雖云覺悟今是而昨非等，亦非正覺。以正等覺者，覺悟宇宙萬有之眞理，平等平等，無有高下，如理如實而覺，方爲三藐三之正等覺。故單言覺時，卽通凡外，但凡外爲錯覺，非正覺，故以三菩提簡之。又單言三菩提時，卽通二乘菩提，但二乘不能爲徧正覺；徧正覺爲普徧正覺，二乘雖破我執，覺生空眞如，而法執未破，法空眞如障而不顯，雖覺生空而非普徧，乃以三藐三菩提簡之。又登地菩薩，雖可稱爲分證三藐三菩提，而不能冠以阿耨，以初地至二地，乃至十地至等覺，後後勝於前前，皆有上故，是故惟佛與佛，方爲究竟阿耨多羅三藐三菩提者。今藥師因中願其當來成佛時，自身光明，照耀一切世界。身有三身：一法性身，亦曰法身；二受用身，亦曰報身；三變化身，亦曰應身。法性身爲諸法之眞實性，爲諸佛究竟覺之所徹證，故徧一切處，具無量智德光明，然此所謂熾然照耀無量無邊世界，乃指受用身而言。受用有自受用與他受用。自受用身，佛果無漏不思議界，唯佛與佛之所能知，卽等覺大士，亦如隔雲望月，朦朧非眞，何況地下聖凡？但此不思議自受用身土，一佛一切佛，非異非不異，無量無漏福智功德，自佛他佛無有分齊，等同一味。然亦不妨各從自受用身而現起他受用身土。他受用身，乃爲教化地上菩薩而現，所謂『如來現起他受用，十地菩薩所被機，』如華嚴之毘盧遮那，梵網之盧舍那，皆爲地上菩薩所現之他受用身，光明灼耀，微塵剎海，故此身光熾然照耀無量無數無邊世界，卽他受用身也。佛光旣照無邊世界衆生，故今吾人，皆在藥師佛光照耀之中，不亦甚親切乎？熾然狀其光力盛而且大，盡虛空法界之邊際，無所不照無有限量；故彌陀號無量光，而此藥師，亦具無量光明。三十二相，八十隨形，隨其一形相等徧法界而言，亦是他受用身而依通常敎理說，則屬變化身。此有大變化身，小變化身，隨變化身三種。大變化身，爲三賢入四加行位菩薩所現，在定中所見色究竟最高大身，亦爲此身。所言佛身千丈，或十六萬由旬，皆屬此身。小變化身，如今娑婆敎主釋迦如來，現丈六身，三十二相，八十隨形好者屬之。其實釋迦佛身，通法性身，自他受用及大變化，而依標準敎義，唯局小變化身，今藥師願將來成佛，亦現此身，應化衆生。大丈夫相者，如人間之轉輪王相，天上之梵王相，佛法中則爲大士相，佛相。具此大丈夫相者，卽能荷負敎化衆生之偉業，如轉輪聖王，卽能負擔一四天下衆生之事業。——詳見大般若經，及諸大論。三十二相者，一足下安平如奩底，二足千輻輪相，乃至三十二相頂肉髻成，——詳見法數。此等寶相，皆自修得，非偶然成，所謂『三祇脩福慧，百劫脩相好，』可以知矣。八十隨形，卽三十二相上所現之種種形好，如眉間白毫相光，其體通明透徹，其色極白潔淨，卽此體明色白，爲相上形好。既有寶相，復具形好，故其身極莊嚴，無與倫匹。藥師如來，願其佛果正報莊嚴如是，亦願令其世界一切有情正報，如是莊嚴。故能生琉璃世界者，皆具三十二相，八十形好，亦如往生極樂世界，卽無男女相，無六根殘缺等相，皆具大丈夫相大士相焉。

前年戴季陶氏朝野名人，迎班禪大師於寶華山建立藥師法會。亦本藥師之十二大願，而發十二種願，其云：『第一遵行世尊本願政本優生，致重安養，使一切人民身心美善，相好端嚴。』今科學中有優生學，本此優生學施優生政策，能使人民生活善良，身心健美，此正與藥師之第一本願，遙相呼應。故前講此經緣起時，亦言依藥師佛法門，可實際應用於現實人生之改善也。

庚二　身光破暗

第二大願：願我來世得菩提時，身如琉璃，內外明徹，淨無瑕穢，光明廣大，功德巍巍，身善安住，燄網莊嚴，過於日月；幽冥衆生，悉蒙開曉，隨意所趣，作諸事業！

前第一願，諸佛大體相同。今第二願，則唯藥師獨具。得菩提時，卽成佛時。身如琉璃者，身有三身，三身中現自受用，他受用，大變化，少變化時，皆現佛相，唯隨類變化，或現人天，或現鬼畜，無有定相。今身如琉璃之身，且據變化身言，此變化身如清色寶，內外明徹，淨無瑕穢。瑕爲玉中疵，玉有汚點，卽成美中不足。吾人之身，亦具琉璃智光，而爲肉血煩惱所障，不能內外明徹。例如水晶珠等，亦能內外明徹，而每不免瑕疵。唯此藥師琉璃光身，內外明徹，淨無瑕疵，其廣大徧一切處，功德無量，如山巍巍，善能安住燄網莊嚴，卽所謂「藥師如來琉璃光燄網莊嚴無等倫。』燄卽光上之線，如曙光東升，光線奪目。一光燄照一一光燄，一一光燄照一光燄，光光相映結成羅網；而此琉璃光身卽善安住於此由光線所組成之光明燦爛的燄網之中。藥師如是，其土衆生亦各能身善安住於燄網莊嚴，此其所以光明過日月也。蓋吾人所居之世界，以日月星爲三光，而尤以日月之光爲大；然日月雖能照破幽冥，若黑夜卽無日月，如今交通所及，知吾人所居之地球上亦有半年無日月光照者，有終年無日月光照者，而亦有人物生其處，此誠如佛教所謂黑暗地獄衆生也。但淨琉璃世界，有藥師琉璃光身之光明，則一切黑暗皆破除，幽冥衆生悉蒙開曉，如盲者得根，卽能於光明熙和中隨意所趣，平等自由，作諸事業者也。

藥師法會願云：『第二遵本願，培植德本，發揚慧力，使一切人民本力充實，光輝普耀。』培植德本，發揚慧力，使世界和平，人民安樂，一切作業，悉得成就，亦藥師此願之實際應用者也。

庚三　智慧資生

第三大願：願我來世得菩提時，以無量無邊智慧方便，令諸有情，皆得無盡所受用物，莫令衆生，有所乏少！

此第三願，標以智慧資生者，以藥師成佛時，欲以無量無邊智慧方便資濟衆生。此第三願至第五願，依道諦而發。道者，廣則八萬四千波羅密多，略則三十七品，再略之，則爲戒定慧。而此三願，卽依此三而發。是第三願乃依慧發。無量無邊智慧，出智慧之體，無量無邊方便，爲智慧之用，故方便之自體卽智慧，智慧之妙用卽方便。若無方便，無以顯智慧之深廣，若無智慧，無以起方便之巧妙，故智慧與方便，皆是無量無邊。無量者，普通言量，約有二義：一讀平聲，如升斗量米，尺寸量布之量，爲動詞，表現動作；一讀去聲，如言度量數量之量，爲名詞。又如言不可以尺秤量其長短輕重，亦爲平聲。此無量無邊，無有限量之量，乃去聲之量也。以今通用名詞言之，「量」即「空間。」「空間」在數理學上有「三度量：」一量長短，二量闊狹，三量厚薄高低。如一墨點，不成爲量，須成一線，方有長短之縱量；但祇一線，不成爲物，物必有闊狹，故有第二度闊狹之橫量，所謂『先量長短，後量闊狹。既有長短闊狹，即有南北東西之方向，然亦未成其爲完整之物，蓋完整之物，即如一紙，必有其反面的厚薄，故第三度即量其高下淺深，如此經過長短，闊狹，厚薄之三度量，乃成爲物，即有東西南北上下之六方分。故無論何物，凡成其爲物者，須具足此三度量之空間，知其自南至北有幾何，自西至東有幾何，自高至下有幾何，方成一物，否則不成爲物。小自茶杯房舍，大至地球華藏世界，其爲有情世間及器世間，皆具此三度量以各佔其空間；若超此量，無彼此，無分別，則不能說成一物，亦即無可思想分別，而入於無量矣。此乃無量之本義，佛果智慧方便功德，亦復如是無量無邊者。邊依量立，若有量，即有四方上下，此量盡處，即有邊際，有此方物，有彼方物，即有邊際分齊；故立有邊，即基於量，若無量則邊亦不可得矣。今中國人皆能說『佛法無邊』之一語。佛法無邊，誠如所言，惜深知其義者鮮耳。其實一切世法，皆落邊際，唯有佛法，確實無邊；然佛法無邊，非離世法之外另有一無邊之佛法，若離世法，另有一個無邊佛法，卽此世法與佛法之間已落邊際矣。故須無量，方成無邊。前言量有三度量，以明四方上下之空間。今更進而言之，依最新學說，有「四度空間」，乃將時間加入空間而成第四矣。楞嚴經言：『四方上下爲界，過現未來爲世』，以之說明世界爲空間時間之交織，頗相近似。是故一物之成爲一物，不特有六方，且有三世。如今講經之法堂，佔有上下四方之空間，經未造，落成，朽壞三時之時間，有此一法堂，卽具六方三世四度量，擴而言之，凡物皆有此空間與時間而成立也。故平常所謂『人生幾何，』『天長地久』』皆自空間量上顯明時間，六方三世量無，則邊際乃無矣。但如何言唯佛法無邊耶？此蓋諸法實相，法爾如是，本無邊際，故無量無邊，實爲諸法之本來面目。自佛法言之，若眞若俗，皆無量無邊，何以故？自第一義之眞諦言之，量不可得，以量從分別而起，諸法眞實相無此分別量故，既無量，復何有邊耶？自衆緣所成上之俗諦上觀之，諸法亦無量邊，以諸法從衆緣生，緣生無性，一法之生，卽依法界諸法爲緣，故一切法不出一法，一法卽括盡一切法，則無一一之定量可得，何有一法一切法之邊際哉？如一小杯，爲四大成，土質爲地，調泥爲水，燒煉爲火，鼓扇爲風，容受爲空，加以人工之思想模樣，根據師傅之智慧思巧，由此種種因緣，卽成此一小杯，則此小杯，卽依虛空法界衆生輾轉增上之緣力而成，卽可攝盡宇宙萬法。故能通達一物，此物卽徧虛空法界，無可限量，亦無邊際，此在俗諦而論諸法，諸法亦無量無邊矣。但諸法小自微塵草木，大至華藏世界，皆無量邊，何獨唯指佛法無邊耶？良以諸法雖無量邊，倘無佛智慧，卽不得而知，而妄執有量有邊，並認定此有量有邊之法，方爲實法，而以無量無邊爲非實法，顚倒是非，混亂黑白，自具縛凡夫乃至三乘賢聖，未得諸佛智慧，皆不免此顚倒分別，而執有量有邊，是故唯有佛法無邊，其理亦了然矣。

復此人之心境上有此分別量故，世界隨之有成住壞空，人生隨之有生老病死，一切皆由此分別心量境之生滅而生滅，則世界人生皆落生滅之窠臼矣！若了眞俗諸法其實本無量無邊，如是如是，則當下卽不生滅，當下卽了生死矣。如人計我，我生於何時，我作若干事業，我經幾何年月日時而死，此在量上作邊際想，故人生之生老病死起矣。又如計此世界爲上帝創造，創造於何時，至何時毀滅，則世界之成住壞空作矣，若知佛法眞俗二諦之理，諸法本性無量無邊，一法如是，一切法亦如是，一卽一切，一攝一切，一入一切，一切卽一，一切攝一，一切入一，無定量可立，無極邊可得，則人生生老病死，卽非生老病死，世界成住壞空，卽非成住壞空，當下本無生滅生死可了，卽是菩提大般涅槃；是知法法無邊，洵惟佛無量之智慧方顯焉。復依此無量無邊之智慧，起無量無邊之方便，方便爲權，智慧爲實，依方便之權智，達智慧之實智，由智慧之本體，起方便之妙用，隨機設法，應物施功；是知一切方便，皆由智慧而成，如十度之方便，願，力，智，皆依般若而開發。華嚴經云『菩薩於菩提，當於何求？當於五明處求。』五明者：一因明，二聲明，三醫藥明四工巧明，五內明。此除內明為佛學外，其餘四明，皆為濟世利人之方便用，而此方便之無礙自在，功由智慧。如今科學發明，供給吾人衣食住行上種種享受之物質，皆是方便之用；但因無無量無邊之智慧以為妙體，故雖有用而非妙用，有盡際相可得，此有彼無，起貪瞋癡互相爭奪，世界禍亂從此起矣，人民痛苦由是生矣，故此世界非無方便，實由無無量無邊之智慧不成妙方便耳。由此今日之人世，若依藥師之智慧，則科學資生之方便，妙用無盡，鬥爭永息，世界和平，人民衣食豐富，所受無缺乏之矣。

藥師法會願文云：『第三遵行世尊本願，廣行四攝，勤修六度，使一切人民，自他方便，萬事咸宜，世尊第三本願如實成就。』

庚四　導入大乘

第四大願：願我來世得菩提時，若諸有情，行邪道者，悉令安住菩提道中；若行聲聞獨覺乘者，皆以大乘而安立之！

前願明佛之智慧，無量無邊，由此無量無邊之智慧，復起無量無邊之方便妙用，正如法華所云：『諸佛智慧甚深無量，其智慧門難解難入。』此願使諸凡外三乘，安立大乘，即屬於定。蓋安立即安定，如大學所謂：『知止而後能定，定而後能靜，靜而後能安，安而後能慮』；此亦言由定而安也。藥師此願欲使一切行邪道之有情，捨邪歸正，安住菩提正覺之道。正覺邪道相對而立，未入究竟之正覺，皆不免落邪，唯斷善根之闡提種姓純是邪，佛純是正，故正邪亦不能定限；但依普通標準言之，除人倫道德等世間善法，與出世之三菩提法為正道外，其自虛妄分別而執為有道者，皆為邪道。其所執道，與諸法實相，及世間資生事業倫理道德相違，而另有其無上至高之道，奉為最勝，餘若無覩。瑜伽戒本所謂：『若諸有情，安住自見取中起，如是見立如是論，唯此是實，餘皆虛妄；』此卽爲邪見師資矣。昔有一人，終日思金，神經失常，一日上市，忽見有金，當衆卽取，遂被捉住，詢其何以當衆盜金？彼言我取金時，唯見有金，不見餘人。此與邪見衆生自立邪道，不見正理，恰恰相同。故邪見衆生深深安住自邪見道，雖有菩提正道，說之不信，須由諸佛威神之力，方便善巧之用，方能醒其頑迷，使之捨向邪見，安住菩提道中。菩提道者，卽阿耨多羅三藐三菩提道。然此菩提，通指三乘菩提，皆爲正道。此使邪見外道安住菩提，乃爲第一重意義；若行聲聞獨覺乘者，皆以大乘而安立之，此爲第二重意義。聲聞者，聞佛說四諦音聲，知苦斷集，慕滅修道，證得須陀洹等四沙門果。獨覺者，出無佛世，孤峯獨宿，秋觀黃葉落，春聞百花香，覺榮枯無常，由之悟道。亦曰緣覺，緣佛說十二因緣之聲音，知衆生由順生門，流轉生死，由是入還滅門，卽得證果。於中聲聞根鈍，緣覺獨覺根利，故增道損生，皆有遲速。乘者，運載之義，如以車代步，達目的地。明聲獨覺，各依四諦十二因緣之教乘，度分段之生死海，到生空之涅槃岸。此行聲聞獨覺乘者，若已證，若未證，皆使由二乘心而安定於大乘法中，一入永入，毋令退墮。故此願可爲二重：一對二乘衆生，使安立於大乘中；一對邪外衆生，則先破其頑迷，使之捨邪入正，安立於世間倫理道德，即佛教人天二乘五戒十善法中，然後再由人天進入三乘，復由三乘使安立於大乘。此與法華會三乘歸一乘之理相符，實則全部法華，明一佛乘，不外此「皆以大乘而安立之」一句也。故佛法於邪外二乘，皆能導入於大乘也。又大乘之法，乃諸佛通達諸法實相之智慧，無量無邊，故爲衆生開示，皆悟入佛之知見也。是則此願雖寥寥數行，可判攝一切佛法；蓋一切佛法歸納之，不外五乘共法，三乘共法，大乘不共法，而此由邪外二乘以至導入大乘，皆可包括之。

藥師法會願云『第四遵行世尊本願，服務社會，盡瘁人羣，使一切人民，咸歸大乘，捨身救世，世世尊第四本願，如實成就。』

庚五得戒清淨

第五大願：願我來世得菩提時，若有無量無邊有情，於我法中，修行梵行，一切皆令得不缺戒，具三聚戒；設有毀犯，聞我名已，還得清淨，不墮惡趣！

前二願明慧與定，此明得戒清淨。無量無邊有情，顯有有情數目之多，使此無量無邊之有情，皆於我藥師佛法中，修行梵行。梵譯「淨」，義超出五欲之清淨行乃爲梵行。一切皆令得不缺戒者，即使行者得具足戒。不缺顯不缺漏，大智度論明不缺不穿不漏等十事；並設喻云：凡夫持戒，至於佛地，如渡海浮囊，中盛空氣，無少缺漏，方渡彼岸。囊即喻戒，戒行無缺，方至佛地，若稍缺漏，如浮囊有孔，即便沉沒，故戒也者，不可須臾離也，傳戒者須如法傳授，受戒者須如實修行，方能具足，無所缺漏。三聚戒者：一攝律儀戒，二攝善法戒，三饒益有情戒。攝律儀戒即持身口七支等戒；攝善法戒即持善法戒。平常戒律中說有『止作持犯』。止持即止一切惡行，所謂諸惡莫作，若佛經已制止之事，皆不得作，若作卽犯，此卽攝律儀戒。作持，卽作一切善法，所謂衆善奉行，凡經佛教授之事，如六度萬行，皆須工作，若不工作，卽是違犯，此卽攝善法戒。饒益有情戒，卽諸菩薩廣行四攝，饒益衆生；若不作饒益衆生之事，卽是犯戒。此中攝律儀，攝善法，通諸聲聞；而菩薩戒則以饒益有情爲主，餘二爲助伴。聚爲類聚，每戒之中，各有類聚，如律儀戒之五篇七聚等；梵網兼律儀戒而瑜伽則卽以七衆律儀戒爲律儀，專明攝善利生。若本已受持三聚戒，設一時迷昧而有毀犯，若聞藥師佛名，還得清淨，不墮惡趣。惡趣者，卽地獄餓鬼畜生三途惡道；或加阿修羅爲四惡趣。因犯戒故須墮三途，但聞藥師佛名，由其本誓願力加被，犯戒有情，還復清淨。因犯戒如衣被染汚，卽不清淨，由佛力故，如洗淨之。但唯有佛果功德加被，若無本因誓願之力，則加被卽非眞切，如日光泛照萬物；若佛果加被，復有本誓願力，則如收光鏡將日光攝集增强。吾人今皆已受戒，若有誤毀者，聞此藥師名號後，宜發露懺悔，誓不更犯，亦得解脫，不墮惡趣。後滅罪文，廣說其事。此上三願，皆依慧定戒發，亦使一切有情依之得慧定戒者也。

藥師法會願云：「第五遵行世尊本願，精嚴戒律，調伏身心，使一切人民身口意業，咸歸清淨；世尊第五本願，如實成就。」

庚六　得身健美

第六大願：願我來世得菩提時，若諸有情，其身下劣，諸根不具，醜陋頑愚，盲聾瘖瘂，攣躄背僂，白癩顛狂，種種病苦；聞我名已，一切皆得端正黠慧，諸根完具，無諸疾苦！

此第六願明諸有情六根不具，醜陋癃殘者，若聞藥師名號，卽得身心健美，以此願乃緣苦諦境而發，故在使諸有情脫離諸苦。相傳中國淸代玉琳國師前世爲出家人，諸根不具，醜陋頑愚，結緣施主，見而嗤笑譏刺，因有感焉，尋聞受持藥師此願，能得六根完具，身心健美，遂受持奉行此法門，而轉世即得玉琳身，智慧殊勝，諸根聰利，相貌端嚴。有清一代，不少名師，而爲後人聞名敬信無間言者，厥惟玉師。是皆由藥師佛果本誓願力加被而致者，吾人若能如是發願，弘法利生，亦可成就如是勝報。

此中若諸有情之言，不指琉璃世界有情，以既生琉璃世界者，必已具諸相好，無諸醜陋，故應指娑婆等十方世界而言。娑婆衆生，勝劣不等，高下差參，如處大庭廣衆之間，高勝者固身心興奮，而下劣者相形見絀，不免精神苦痛，落於隱憂，身根者，即五色根身；在此五色根身之上，有眼，耳，鼻舌等四根。或缺一，或缺二，或俱缺，故不具，不具故身醜陋，頑愚者，意根衰弱，故心性魯鈍，冥頑不靈。盲爲眼根不具；聾爲耳根不具。有有根而不聞，有連根形亦缺。瘖爲喉舌不充，發音不亮；至於瘂，則不能聲響，舌根全壞，故瘖瘂總爲舌根不具。但瘖亦關鼻根，如鼻瘖則發音不明等。攣，拘曲也，兩手攣曲不直。躄，兩足俱廢。背僂，卽身駝不直。白癩，卽痲瘋；疥癩爲小瘡，而白癩病則壞及諸根，如今廣東等地，多有染此病者。此上乃爲身病，至於顚狂，爲精神病。狂卽狂亂，神經反常，舉動失檢，所謂喪心病狂，卽此之謂。此等諸根不具，卽成殘疾，人有殘疾，抱恨終身，迴異傷寒發熱諸症，一着於身，卽無法可免除，若能依藥師願，便可消除。但今醫學進步，此類病症，亦可減少，如西洋人少有瘌頭痲臉，皆由醫藥種痘功能。故身病亦漸能治愈，殆亦由藥師願力耳。

藥師佛願，聞其名者，一切皆得端正黠慧，諸根完具，無諸疾苦；今旣成佛，當滿其願，故其國中，必無殘疾之人。端正者，諸根完具，醜陋之反。黠慧者，黠爲靈巧，慧乃聰明。聰明黠巧，頑愚之反。此依藥師佛果本誓之力，其土衆生，正報莊嚴，藥師琉璃光及其淨琉璃國之得名，不可謂非此願功也。

藥師法會願云「第六遵行世尊本願，政重衛生，業勵醫藥，使一切人民，凡有疾苦，悉得救治；世尊第六本願如實成就」

庚七安康樂道

第七大願：願我來世得菩提時，若諸有情，衆病逼切，無救無歸，無醫無藥，無親無家，貧窮多苦；我之名號，一經其耳，衆病悉除，身心安樂，家屬資具，悉皆豐足，乃至證得無上菩提！

此願標安康樂道者，安爲安甯，康爲康健，由貧病故，即不安甯康健，此願即由不安不康而使能安能康，以樂道修行也。蓋人類生活，若不安康，則受苦逼迫，何能安心樂道？故欲人類樂道修行，須先使人類解除飢寒困病之苦患。今世仁人君子，力謀改革社會，建設實業，使人民生活趨於豐足，亦此之圖也。故人人皆能做藥師佛法而行，則人民生活既改良，社會百業進步，道德文化亦蒸蒸日上矣。藥師願其成佛時，若諸有情，爲衆病逼切，皆令解除。衆病者，佛經明衆生一大不調，百一病起，四大不調，四百四病起。中國古來亦說溫，濕，寒，熱等病。諸有情類，為諸病苦逼迫痛切，無救無歸，無醫無藥，無親無家，因是未盡其天年而夭折，備極悽慘。但今亦有無家獨身之人，因有金錢，病來則醫，猶有可救；若無家親，復貧而病，則惟待死而已。但此類眾病交迫之有情，若聞藥師如來名號，即可眾病悉除，身心安樂，家屬資具悉皆豐足，安康樂道，乃至證得菩提。後文所謂「求長壽者得長壽，求富饒者得富饒，求男子者得男子；」顯由藥師悲願力故，皆獲遂願所求者也。

今日中國急欲解決之民生問題，而欲使人民衣食住行富饒豐樂者，皆不出此藥師佛願；故能人人依此發願實踐，則民生痛苦及關生計諸問題，庶幾可解決矣！此願人類解除痛苦，社會和平，國土豐樂，為藥師願特要之點，亦如彌陀願中之特重聞名往生也。

藥師法會願云：『第七遵行世尊本願，普設醫院，廣施藥品，使一切人民，孤苦貧窮，悉離病厄；世尊第七本願如實成就。」

庚八轉女成男

第八大願願我來世得菩提時，若有女人，爲女百惡之所逼惱，極生厭離，願捨女身；聞我名已，一切皆得轉女成男具丈夫相，乃至證得無上菩提！

此願標爲轉女成男者，琉璃衆生皆大士相，本無男女之性別。男女之名，相對而立，無女則男亦無，說無女人者，乃對餘界而說。如以三界言之，色無色界，男女相無，而欲界則有男女，故欲界萬有皆分陰陽二性。今科學分析萬有構成之最後因素爲電子，雖微細難見而亦有陰陽二性。由陰陽二性構成之物，皆含有矛盾性，相反相成，相生相剋。故五趣雜處之欲界衆生，皆有陰陽二性。以陽爲男，以陰爲女，於同一人類中，遂分男女鴻溝；而在相形見絀之下，不免男勝女劣，於是百感叢生，爲諸惡劣之所惱亂，極生厭離，欲捨女身。然女人中具大丈夫性者，方覺女身可厭，生求離想；若無丈夫性者，雖感女身，不覺厭惡，反執爲美，依大乘佛教平等理，本無男女差別高下可得，但隨此類之機，落於男女分別想中，厭而求捨，故佛即爲說之，使依藥師法門，或生琉璃，得丈夫相，或在娑婆，現身後身轉女成男；若無厭離女身者，佛亦不須說此也。

此上三願，皆緣十方衆生爲衆苦之所逼切惱亂而發，故依之而行，皆可離苦得樂。藥師法會願云：『第八遵行世尊本願，立法施政，尊重女性，使一切女子受平等福，離百惡惱；世尊第八本願，如實成就。』

庚九魔外歸正

第九大願：願我來世得菩提時，令諸有情，出魔罥網，解脫一切外道纏縛；若墮種種惡見稠林，皆引當攝置於正見，漸令修習諸菩薩行，速證無上正等菩提！

魔卽魔王魔子魔孫，各有眷屬。外卽外道，亦有師徒邪衆。魔外衆生，難調難伏，如佛世時，雖經佛化，亦難改其魔性。此願明諸有情爲魔外所誘惑而受其影響者，皆使捨邪歸正，入於佛法，故云魔外歸正。

梵音「魔羅」，此云「擾害者」，亦云「殺者」，能害衆生功德善根，故能殺衆生法身慧命。故網以撈摝，罥以蓋罩，以喩魔有魔法，如張網羅，能使水陸空界衆生，落其網中，唯佛法能救之。蓋魔以五欲自恣快樂，亦有其魔之知識，思想學說，方法，引誘衆生入其五欲轂中，迷而忘返，欲入色無色界，欲趨三乘聖行，皆爲障礙。如今世上，亦有學同魔學，想同魔想，行同魔行之人，其於佛敎終不生信；而惟耽着五欲，深陷魔網，昏迷失性，反譏佛敎爲消極，爲迷信，則殊可悲愍也。解脫一切外道纏縛者，前言邪魔耽着五欲，此言外道，心外取道，壞眞實理，修種種無益苦行，備極艱辛，執爲最勝，顯與衆異，亦足惑世。古印度有九十五種外道，或六十二見，或十六種等。今日之世，亦多外道，外道捨正道而別求邪道，由邪師敎授敎誡，起邪分別，入邪思惟，如飛蟲之自落蛛網，如蠶作繭，自纏自縛，如蛾赴火，自燒自爛，此亦可憫甚矣！墮種種惡見稠林者，惡見卽不正見，或曰邪見，背世出世間之正理，而妄計爲勝故。見爲明解之義，此其自執道理，以爲高超，然實非理，卽上魔見外道見也。見云種種，故曰稠林。稠林謂萬樹稠密之叢林，一入難出，惡見之廣，亦復如是。此等種種惡見，衆生由藥師本誓願力故，使其轉歸正見。正見可有二種：一世間道德善法之正見；二出世究竟佛法之正見。然亦可謂以世間善法爲正見之基礎，以出世佛法爲正見之究竟；由此正見故，漸漸修習諸菩薩六度萬行之正行，由凡夫經信住行向地而入無上正等菩提也。

此中言魔，總包煩惱魔，五蘊魔，死魔，天魔等。而躭五欲之欲界魔，卽屬天魔。此等諸魔，易入難出，唯仗佛法解脫之耳。又魔通於惑業苦三，煩惱魔及外道惡見稠林，皆爲惑業之法；是故藥師緣集諦境，發此大願，使諸有情解脫邪外之魔難也。

藥師法會願云：『第九遵行世尊本願，樹立正法，降伏邪見，使切正法並育並行，永離纏縛世尊第九本願，如實成就。」

庚十解脫憂苦

第十大願：願我來世得菩提時，若諸有情王法所加，縛錄鞭撻，繫閉牢獄，或當刑戮，及餘無量災難陵辱，悲愁煎逼，身心受苦；若聞我名，以我福德威神力故，皆得解脫一切憂苦！

此願標解脫憂苦者，以願令一切有情為王法所加等苦，皆使之解除故。王法者；古代依帝王立國，故言王法。如今民國以民立國，即言國法，王法國法，皆是法律，法律之所以立者，作公眾利益之保障，為社會人民之準繩，侵害公眾利益者懲之，被侵害者保障之。人類本來無需法律，然人自相侵擾，故不得不有法律以維持社會之治安之秩序也。中國古代立有笞，徒，流，絞，斬五刑。縛錄鞭撻即屬笞刑。

繫閉牢獄爲徒刑。戮爲殺戮，因犯重罪，卽處死刑，此屬斬刑之類。蓋人生在世，不能離社會而獨立，既依賴社會而生活，自然不能離去種種約束，而須受約束之支配，此人類痛苦所以與生俱來也。莊子云：『有人者累，有於人者憂。』如一家之主，卽須担負全男女老幼之責，此所以有人之累；人依賴人，此人卽爲彼人所有，而須遵其約束，此所以有於人者憂。故人類相處國家社會中，既有公私利害之衝突，自有法律處置，使之得當；如佛教叢林寺院之有共守規約，犯之則罰，此人生本身必受之憂苦也。又受自然界之憂苦亦不能免，如浴日光浴，熱暑則苦。如樂風調雨順，而暴風狂雨齊來則苦。如舟車代步，而出軌覆沒則苦。他如洪水猛獸等，皆自然界不能避免之苦，欲除痛苦，故惟有仗多人團結之力量與自奮鬥，制服自然。遂從自然界推至人與人相處之間，則强陵弱，衆暴寡，盜賊蠭起，匪共猖狂，及國際戰爭等，皆爲人與人間必受之憂苦。是知人有依本身之苦，處自然界之苦，人與人間之苦，故有無量災難陵辱，悲愁煎迫，身心受苦。災與祥反，非意料所及之事發生皆爲災難。難讀去聲，爲苦難，厄難，困難之難。陵爲陵逼。痛苦加身，卽受陵辱，因陵辱故，悲愁煎逼，如熱鍋中油煎火逼，身心受苦。「受」有苦，樂，憂，喜，捨之五受。身受苦，樂，捨（捨卽不苦不樂中庸之境）三受；心受加憂，喜爲五受。苦等三受，爲現前身心上所受之境；憂喜二受，或緣過去苦樂二境，或緣未來苦樂二境而起。此五受中，不但惡趣衆生常在憂苦之中，卽人道衆生，亦常多憂苦，所謂『人生在世苦多樂少』，『人生若夢，爲歡幾何』，皆憂苦之反映。推至天趣，則欲界雖樂多苦少，然至五衰相現，憂苦不免；色無色天雖無憂苦，然是壞時，不免生滅遷流之苦；故唯涅槃，方離一切憂苦。諸有情類，無時不在憂苦交迫中，但由藥師本誓願力，及佛果威神力，能使一切憂苦，得大解脫。經云：『三界唯心，萬法唯識，』衆生迷心識故，執重外境，憂苦事多；若覷破諸法由心識所現，不起重執，則雖有憂苦，亦若忘失矣。如一心誦持藥師佛名號，感其威神力故，心得安定，則雖處無量災難之境，亦不覺其災難憂苦矣。故此願中，可得二重解脫：一能使諸有情心得安定，解脫憂苦；二能使諸有情，業果轉善，得幸福報。

藥師法會願云『第十遵行世尊本願，改良刑政，實施感化，使一切人民不觸法網；卽有犯者在獄，獲致出獄，獲養；世尊第十本願，如實成就。』

庚十一得妙飲食

第十一大願：願我來世得菩提時，若諸有情，饑渴所惱，爲求食故，造諸惡業；得聞我名，專念受持，我當先以上妙飲食，飽足其身，後以法味，畢竟安樂而建立之！

此願願命諸渴有情，先得上妙飲食，後得甘露法味，故標以得妙飲食。蓋衣食住行，爲人類生存之要素，而尤以飲食爲最，無飲食卽不能生存，故佛言：『一切有情，皆依食住。』無食則飢，無飲則渴，飢渴故煩惱，（惱爲十小隨煩惱之一）煩惱故心憤，心憤發故，欲覓飲食，造諸惡業。故今日之世界，或個人，或民族，種種階級爭鬥，皆爲解決飯碗問題，卽西洋人所謂麵包問題。因飯食不給，生活難以維持，環境逼不得已，殺人放火無所不爲矣。故欲社會安定，須先解決民生問題，人民衣食豐足，盜匪竊賊卽無由起。由此觀之，盜匪竊賊，不但情有可原，抑須力謀救濟。是以藥師發願，若諸衆生聞其名者，先令飲食飽滿，解除苦惱，安住有漏善道；進以無漏法味，使之成賢成聖，乃至佛果，亦古人所謂『富而後敎』之意也。得世間飲食，唯身體快樂；得出世法味，則精神興奮，力圖上達，雖稍飢渴，亦不造業，此皆由法味之功。若唯飲食，則飲食窮時，必復造業受苦，故須由無上法味，方獲畢竟安樂，先哲所謂『衣食住而知禮義，倉廩實而識廉恥』，此亦言先使衣食豐足，方能安心修德；再進而以佛法法味爲食，禪悅爲食，皆得畢竟安樂而建立之。畢竟安樂者，卽發大心，修大行，不退轉於大般涅槃者也。

此中以禪悅法喜之味爲食者，前引佛言『一切有情皆依食住。』食有四食：一段食，段食爲形段，欲界衆生所有物質飲食，皆有空間的或時間的形段，如色，香，味，觸等是爲段食。二觸食，眼觸色，耳觸聲，鼻觸香，舌觸味，身觸細滑，意法處由六根發六識觸六塵者，皆爲觸食。三意思食，卽以意識希望之思爲食，如人懷希望心，雖經千磋百折，而希望心不死，亦得延其生命。四識食，識食與前食不同，前屬意識及其意根，爲第六識與第七識，今此識食，爲有情生命所依之本體，屬於阿賴耶識，蓋此識受諸識熏習成爲種子，由種子復起現行，由此識食資持業果生命不絕。是故一切衆生皆依食住，不但三界衆生依食而住，卽出世菩薩亦依禪悅法喜爲食，輾轉增勝，而長養其法身慧命也。至諸佛位，轉識成智，圓滿法身慧命，故不依食而住。佛法無邊，隨拈「食」之一法，義深無量。

藥師法會願云：『第一遵行世尊本願，政重民生，普濟民食，使一切人民飲食供給，無有乏少；更施教育，培其智德，令生安樂，不遭苦難；世尊第十一本願，如實成就。』

庚　十二得妙衣服

第十二大願：願我來世得菩提時，若諸有情貧無衣服，蚊蝱寒熱，晝夜逼惱；若聞我名，專念受持，如其所好，卽得種種上妙衣服，亦得一切寶莊嚴具，華鬘塗香，鼓樂衆伎，隨心所翫，皆令滿足！

此願願諸有情，得種種上妙衣服，及一切寶莊嚴具，而以衣服爲主，故標得妙衣服願諸有情得衣服者，衣服有二種作用：一可遮避寒暑，蚊蝱等侵襲，爲衞身之工具；二衣以章身，覆蔽醜陋，爲嚴飾之具，若約廣義言之，則一切房舍器皿舟車等，凡是使身住行娛樂之具，皆攝屬之。今貧無衣服者，非特無妙麗莊飾之衣服，卽遮身衞體之衣服；亦不能給，故爲蚊蝱寒熱，晝夜逼惱，但由佛之願力加被，聞佛名號，專念受持，則不唯得衞身衣服，亦得一切美麗莊嚴衣服。又遂其願之所欲，獲得一切莊麗寶物，所謂『富潤屋，德潤身，』故一切房舍器具，皆成寶莊嚴具。華鬘，卽結花成串懸挂者。塗香，卽香水等。鼓樂，卽音樂。衆伎，蓋旣得上妙衣服，須有嚴身衆具方配嚴飾；又因房舍等莊嚴故，而作種種倡伎歌舞娛樂人生，隨意所欲，遊嬉自在。如是，依藥師之願力，使衆生得衣食豐富受用莊嚴，則現實人生之社會，卽可以優美化藝術化，較之東方之琉璃與西方之極樂不遠矣。

上來自第七願至十二願，皆緣苦集二諦境而發，使衆生斷惑離苦者。故今日吾人若個人，若學校，若宗教，若政治，若欲改造社會而安定社會者，皆可依藥師願行實踐也。故戴氏等發起在寶華山修建藥師法會，亦由觀察今日中國情狀及世界之趨勢，欲改造轉變其命運，唯依藥師之方法，最切實際，故發願遵行。由上觀之，吾人能依藥師發願，或求個人幸福，或求社會幸福，立出標準方法，爲人生觀。依之實行，自力加行，不賴他人，則得二種利益：一則自增福德，一則改善或創造新的中國或世界。如是方稱眞實聞名受持，不辜負藥師佛矣。

藥師法會願云：『第十二遵世尊本願衣住行等，一切施爲，决依總理遺敎，盡力推行，生產分配，咸令得宜，使人民生活所需，無有不足，節之以禮，和之以樂，五福俱全，文明鼎盛；世尊十二本願，如實成就。』

己三　結成妙願

曼殊室利！是爲彼世尊藥師琉璃光如來應正等覺，行菩薩道時，所發十二微妙上願。

此爲結成上來十二妙願。妙願者，顯此十二大願極微妙殊勝故。如來，應正等覺，爲十號中三號。上別陳行果相中行願文竟。

戊二　果德(三)　己一　說略指廣

復次曼殊室利！彼世尊藥師琉璃光如來行菩薩道時，所發大願，及彼佛土功德莊嚴，我若一劫，若一劫餘，說不能盡。

此爲別陳行果中第二明果德，果德卽由本地因行所修成之佛果功德。於中分三，今初說略指廣，明此文相雖略，詳言之則甚深無量。

復次，承上起下之詞。此爲釋迦佛總告曼殊，彼藥師如來因中所發誓願，不思議力，無量無盡；其佛果所成三十二相，八十種好，十力十八不共法四無所畏等威德，及其琉璃國土莊嚴，亦皆無量無盡；我若一劫，若一劫餘，說不能盡。劫者，梵音「劫波」，此譯「時分，」卽「時間，」或「時代。」但唯言時分，或時間，時代，則儱侗不能指出久暫幾何，故劫有二義：一通義，卽如言時分，時間等，自一刹那一忽，一秒，乃至萬年億兆兆年，皆爲時分時間或時代之通稱，是則一劫之言指一刹那耶？抑萬年萬萬年耶？殊不易別，故有第二別義。別義者，卽經中所說小劫，中劫，大劫。若唯用一劫字，卽指大劫而言；若作小劫中劫時，卽以小字中字標明故。大劫解釋，經論不一，大抵謂世界經一度成住壞空爲一大劫。但此世界，非僅吾人所居地球，一地球一日月輪等組成一小世界，乃由千小世界組成一小千世界，千小千世界組成一中千世界，千中千世界組成一大千世界。此千兆地球千兆日月輪所組成之大千世界，與天文學家所謂之星雲系星海系相等。此大千界，最初空洞，漸次而成，漸次而住，漸次而壞。如一小孩，未生尚無此人爲空，生後漸長至十八歲或二十歲爲成，自二十至四五十之壯年爲住，自是以後，漸趨衰老而至滅壞，復歸於空。故其成非一朝而成，壞亦非一夕而壞也。經論中通說由二十小劫，成一中劫，由四中劫，成一大劫。一小劫假設以世界人類之歲月爲標準而言，則如一八萬四千歲之人，經百年減一歲，乃至減至十歲，爲一減；復由十歲倍增廿歲，廿歲倍增四十歲，如是增至八萬四千歲，爲一增。如是輾轉一增一減爲一小劫，此其時間已超吾人思量之境，則由二十小劫積成之中劫，八十小劫積成之大劫，其時間之渺遠爲何如矣。今言藥師之功德，若一劫，若一劫餘，皆說不盡，則其功德之無窮無盡可知矣。

復次，大劫由空而成，其先成者，爲大梵天，由大梵天而成梵輔天，梵衆天，而欲界諸天，而人間，而三惡趣；其壞時則先壞三途，次壞人間，次壞欲界諸天，次壞梵衆，梵輔，最後壞大梵天；故成時則由上而下，壞時則由下而上也。而大梵居成之初，壞之後，故其壽命最長，六十小劫，因此大梵嘗以世界之父主自居。但此不過一小世界主耳，非小千中千大千世界主也。然大梵既居爲父爲主之地位，能生萬物，主宰萬物，有此思想，有此理論，故在其下之衆。亦奉之以爲父爲主，作爲依歸。但自佛教觀之，彼大梵天雖爲一小世界之主，實不爲一小世界中衆生之父，蓋其六十小劫未生之前，亦由衆緣和合，隨業感報而生，六十小劫既壞之後，亦由業盡報終，衆緣離散而滅。大梵因福業之勝，感受大梵天福報，福窮則大梵天之報亦滅，安有所謂綱維萬物主宰萬物者哉？

己二舉西喻東

然彼佛土，一向清淨，無有女人，亦無惡趣，及苦音聲；瑠璃爲地金繩界道，城闕宮閣，軒窗羅網，皆七寶成；亦如西方極樂世界，功德莊嚴，等無差別。

此以西方極樂世界之功德莊嚴，喻東方琉璃之功德莊嚴，等無差別，故標名舉東喻西。彼琉璃世界因藥師之願力所成，一向清淨，其教化衆若主若伴，無有女人。古今學說，有以世界源清流濁，如中國之道教，明世界本自然虛無清淨，後因刁巧訐詐，卽流爲濁；有以世界源濁流清，如西洋之進化論，謂自蠢濁野蠻，進至文明優美，然皆不及琉璃世界一向純清潔淨，絕諸雜染。又淨土者，對穢土說，如娑婆穢土，以衆生堪能忍苦得名，遠非淨土可比。無女人者，非指其土專有男人，蓋男女乃相形相對而立，無女相故亦無男相，其土衆生，純屬清淨化身，無卑劣相，唯丈夫相，如色界天，亦無女人。故其既無女形，卽超欲界宇宙，以欲界爲五趣雜居，一切皆有陰陽性故。陰陽性中含矛盾性，相反相成，由矛盾暫得統一調和而生，亦由矛盾終必分散離別而壞。由此欲界，五趣雜居，如人同分中，有陰陽男女性別，陽勝陰劣，差別見生，乃至其餘諸趣亦復如是；故唯淨土無男女相，具足丈夫清淨莊嚴相也。惡趣者，有三惡趣，卽地獄，餓鬼，畜生，若立阿修羅，卽有四惡趣；但阿修羅福大，居天鬼之間，非專惡趣。又阿修羅，乾達婆等，皆爲雜趣所攝。彼佛國土，既超欲界，何有惡趣，卽苦之音，亦不可得。彌陀經云：『彼佛國土，尚無惡道之名，何況有實？』東西雖別，淨土一也。其土清淨，琉璃爲地，往來之道，金繩爲界。城爲聚居處之界垣，如本寺之圍牆。闕乃二重台觀間之闕道，亦卽城門上之樓屋。宮爲高深廣大之廈。閣爲樓閣，乃屋宮上之小樓。軒乃屋簷，屋簷間橫屋亦曰軒。軒之本義，乃車前之簷高起者，故屋簷前高朗之屋，亦稱爲軒。窗卽窗戶，亦通車軒上之窗戶。羅綱者，以寶絲網羅覆空中，亦通車上之幰蓋。七寶者：金，銀，琉璃，眞珠，瑪瑙，珊瑚，琥珀。七寶爲世間所珍貴，舉以喻其世界莊嚴，與西方之極樂相類。以此經恰說在阿彌陀或無量壽，或觀無量壽經後，故舉極樂依報莊嚴以比觀琉璃之依報莊嚴也。

己三讚伴顯主

於其國中，有二菩薩摩訶薩：一名日光徧照，二名月光徧照。是彼無量無數菩薩衆之上首，次補佛處，悉能持彼世尊藥師琉璃光如來正法寶藏。

主即藥師，伴乃輔弼左右之日月二菩薩，藥師功德不可思議，故讚其伴以顯其主。

梵語「剎多羅」此言「國」，或言「土」，或言「世界」。但經中言國土世界，亦異亦同，如經中言摩竭提國，迦毘羅國等，則與今世所言之國家相等。若言藥師佛國，極樂國土等，即與世界相類。此言於其國中，即指藥師佛國。日光月光，皆係正報莊嚴。前第一願云：『願我來世得阿耨多羅三藐三菩提時，自身光明熾然照耀無量無數無邊世界。』至『令一切有情，如我無異，』是則其土佛及衆生皆巳如琉璃光明熾然，內外明徹日月之光，如螢火耳何足比耶？又如空居天以上自身有光，卽不須日月。則日月之光，於今日吾人所居黑暗無光之地球照之則可，於琉璃世界則何須此耶？蓋琉璃前曾喩之如蔚藍淸空此蔚藍淸空固晶瑩明潔，然若加之以日月光，則更顯其淸且明矣。故日月之名，乃依此土而立喩顯此二菩薩，爲彼衆中之上首，位居等覺次補佛處，如此界之文殊彌勒，極樂之觀音勢至，皆如衆星中之日月也。又日光補藥師之後，月光補日光之後，亦猶彌陀觀音，勢至之相繼。正法寶藏者，諸佛之心印，衆生之慧命，修行之途轍，非位居等覺之大士，焉能勝此傳持不失之任？由信受藥師之正法寶藏而得理解，由理解而實行，由實行而取證，方可謂之悉能受持。又正法住世，如佛日麗天，燃智慧炬摧邪見幢，爲無量功德法財所聚集之處，故曰寶藏。由有信解行證之人，方可傳持流通，否則散失隱沒，佛種不發：故藥師之敎化，卽由是二菩薩之流傳得以行世也是二菩薩之功德如是，則其佛之功德更可顯知矣。

丁三勸信願生彼

「是故曼殊室利！諸有信心善男子善女人，應當願生彼佛世界」！

既明彼佛依正莊嚴功德，故勸有情發願求生。此丘，沙彌，優婆塞，皆得名善男子：比丘尼，沙彌尼，式叉摩那，優婆夷皆得名善女人。此之七衆弟子，若具信心皆得往生琉璃世界。蓋佛法如寶藏，非信手莫能入，信爲道源功德母，長養一切諸善根，若信自心量同法界，十方佛土，唯心所現，維摩詰經所謂；『衆生心淨故國土淨，衆生心垢故國土垢。』則是心是佛，是心作佛，發願脩行，求生不離自心之藥師琉璃世界，何難之有。又此經明佛果功德，勸信求生，亦如彌陀等經之勸發願往生。復次，由脩持故，感藥師之加被，得現生之受用，則如眞言密咒所明利益故前言此經之通淨通密，信非虛也。上明經此體相文竟。

丙二明機益（二）丁一藥師加被益（三）戊一聞名利益（二）己一滅罪益

（四）庚一滅貪慳罪得能施益

爾時，世尊復告曼殊室利童子言：「曼殊室利！有諸衆生，不識善惡，惟懷貪悋，不知布施及施果報，愚癡無智，闕於信根，多聚財寶，勤加守護。見乞者來，其心不喜，設不獲已，而行施時，如割身肉，深生痛惜。復有無量慳貪有情，積集資財，於其自身，尚不受用，何況能與父母妻子奴婢作使，及來乞者？彼諸有情，從此命終，生餓鬼界，或傍生趣。由昔人間，曾得暫聞藥師瑠璃光如來名故，今在惡趣，暫得憶念彼如來名，即於念時，從彼處沒，還生人中，得宿命念，畏惡趣苦，不樂欲樂，好行惠施，讚歎施者；一切所有，悉無貪惜，漸次尚能以頭目手足，血肉身分，施來求者，況餘財物？

此乃正說分中第二明機益，說明當機衆生所獲之利益，爲藥師如來因果功德體上所起之妙用；故明機益之文，亦爲此經最要之義。機益文中分二，初藥師加被益，次有情持奉益。初中復二，一聞名利益，二誦咒利益。一中復二，初滅罪益，次往生益。初中復四，今第一明滅貪慳得能施也。

善之與惡，原本一心，衆生之不識善惡，即不識自心；以不識自心，迷心爲境，逐物流轉，惟懷貪慳，正顯迷境逐物也。例如資生財物，不過爲維持此五蘊假聚身心一期之生活而已。逾此即爲無用。況資生財物，經濟之來源，非少數人力所構成，乃全社會共業所給予者；於維持個己或家庭之生活外，而起無厭追求聚歛積貨，而以自傲爲豪富者，其爲無智愚人可知。第一不知布施及施果報之社會經濟的構成，社會經濟原爲維持全社會人羣生活之幸福，倘被少數人聚歛集中，則多數人必失其生活維持之能力，引起勞資之鬥爭，毀滅人生之幸福，此爲不布施及不布施必然之果報；究其致此原因，由於第二愚癡無智，闕于信根，於人生價値未有認識之故。蓋吾人之五蘊假聚之身，及維持此生活之資生財物，無非由衆緣所成，決不能離開一切而獨生活于天地間。我既如是，他人亦然，緣緣相涉，無少偏倚，何處有我，何處有人，何處有物；故能了知一切諸法自性皆空，而人生之最有價値者，是在此衆緣中，參透此人生之眞相，方得卓立在人生最高峯之上，而爲隨流把得定之人也。闕無信根之人，於人生眞諦，無尊崇信仰之心，無超絕之智慧，了達人生之眞相，起我相人相物相，於己所無者，起貪求業，多聚財寶，於己所有者，起鄙悋業，勤加守護，所謂「拔一毛而利天下，不爲也」。設處於強有力者之下，非行施不可時，亦唯有忍痛割與而已。然財物原爲資持生活而產生，世亦有人貌似乞兒富堪敵國，刻薄寡恩，涓滴不漏者，不唯失其資生爲財之意義；實亦失人之所以爲人之平庸意義。此愚癡貪悋之人，生既有害于社會，死固當墮於餓鬼傍生之道矣！

由昔人間下之文，正明滅罪得益。由藥師如來本願功德之力，雖此人貪悋業重，但能暫聞彼佛名號，播入阿賴耶識田中，以佛之願力加持故，賴耶識中之佛種子，得起現行；脫惡趣苦，還生人中，得宿命念。此宿命念，卽能引發智慧了達人生之眞相事物緣起之原理，故能一反前生貪悋之業，好行惠施，乃至不惜身命布施；布施之境造詣乎此，必已達五蘊十八界十二處乃至一切諸法無實我無實法緣生性空之我法二空智，故能捨國城如敝屣，施頭目如棄唾，饒益衆生，淨佛國土。是謂知布施及施果報之得益者，究其發心之動機，及中間維扶之力，皆由藥師如來本願功德威神加持而致也。

庚二滅毀犯罪得持戒益

復次，曼殊室利！若諸有情，雖於如來受諸學處，而破尸羅；有雖不破尸羅，而破軌則；有於尸羅軌則雖則不壞，然毀正見；有雖不毀正見，而棄多聞，於佛所說契經深義，不能解了；有雖多聞，而增上慢，由增上慢覆蔽心故，自是非他，嫌謗正法，爲魔伴黨，如是愚人，自行邪見，復令無量俱胝有情，墮大險坑，此諸有情，應於地獄傍生鬼趣流轉無窮。若得聞此藥師瑠璃光如來名號，便捨惡行，修諸善法，不墮惡趣；設有不能捨諸惡行修行善法，墮惡趣者，以彼如來本願威力，令其現前暫聞名號，從彼命終，還生人趣，得正見精進，善調意樂，便能捨家，趣於非家，如來法中，受持學處，無有毀犯，正見多聞，解甚深義，離增上慢，不謗正法，不為魔伴，漸次修行諸菩薩行，速得圓滿。

此明犯戒有情，由聞藥師名故，罪除復得，非仗藥師之願力，其得益不能如是神速。有情乃眾生之異名，人人有命根與愛欲情見而成為人，故曰有情，諸有情通於六凡，今唯指人道而言。如來為比丘制二百餘戒，比丘尼三百餘戒，優婆塞優婆夷等五戒，七眾弟子，各有別解脫戒，凡受戒者宜各依是為專精修學之處，故曰受諸學處。「尸羅」梵語，正譯「清涼」「安隱」「安靜」「寂滅」四義；傍翻為「戒」今即指戒。若受戒而不持戒，即非完器，不能貯物，法身慧命，盡為喪失。今諸有情，雖受七衆學處，而不如法受持，則破尸羅矣。復有有情，不破尸羅，而破軌則者，尸羅持戒，爲個人道德之脩養，破之猶輕，至於軌則，乃維持公共道德之律條，犯之則重。如國家之有公法，可爲懲戒，叢林之有淸規，可爲制裁。若印度之有「犍度」，犯戒法者，須作羯磨以求懺悔。故破軌則，卽是破壞公共道德。有雖不壞尸羅軌則，而毀正見，則其罪尤進一層。見爲分別，卽是思想，毀壞正見，卽思想犯罪，意業犯罪，較之行爲犯罪尤過。正見有世間正見、出世正見。世間正見，卽信倫常道德，應行者行，不行卽毀。如今歐風東漸，美雨西來，嗜於物慾者，謂將古代道德學說行之於今日人與人之間，卽認爲作道德之奴隸，若操諸政治，卽認爲愚民政策，高唱個性自由意志之發展，試問此個性思想卽無錯謬耶？實則如任各人個性之所欲爲思想行爲，各趨歧途，國家卽紊亂難以統治矣。出世正見者，佛法在世間，不離世間覺，卽於俗諦蘊界處等諸法中，窺見諸法實性之眞諦理，信有菩提可求，涅槃可證，乃是正見。故不信世間道德，卽壞俗諦正見；不信出世眞理，則壞眞諦正見。破戒不毀正見，尚有慚愧，罪可懺悔；若毀正見，造闡提業，不可救藥。復有棄多聞者，拘於一曲知見，得少爲足，不求知識開示，不聽明師說法，故於契經深義，無由解了。契經者佛所說法，契理契機，妙義重重，深廣如海，若非多聞，何能領悟？又佛敎重聞思修三慧，爲如來之慧命，若不多聞，不能引發思修，縱有思修，盲修瞎練而已。如宗門流毒，往往執住一句話頭，卽棄三藏不聞。試問此一句話頭，卽攝三藏盡耶？若有未盡，卽棄多聞，失聞慧命。又雖多聞而增上慢者，不識文字般若，原爲方便法門，但依於文，不依於義，不知從心理上做體驗工夫，咬文嚼字，自蔽其明，居高陵下，目空乾坤，甚至呵佛罵祖，嫌惡誹謗於正法，非魔而何！吾人之心地本如瑠璃內外明徹，由此慢病，如烏雲覆蔽清空矣。是皆由聞而不起正思，故流於邪魔。此類有情愚癡迷昧，不了眞諦，由邪思維而起邪脩行，自行敎他，自害害人，不但自墮地獄險坑，亦使無量億數（俱胝）有情，墮於三惡，輾轉無窮，永無出期，苦不可言！

若得聞此藥師文下，正明滅毀犯罪得持戒益。唯有聞此藥師如來之名號，由此如來本願力故使此罪大惡極之衆生，換面洗心，痛改前非，捨惡修善，不墮惡趣，所謂『放下屠刀，立地成佛』是也。即使墮于惡趣，由如來本願力，暫聞名號，一歷耳根，永爲道種，其於惡趣命終，還生人間。或因佛力，憶念前生墮落因緣，於是正見多聞，正思正脩，世出世間之道德眞理，勇猛精進，善調意樂。善調意樂者，即定慧均平，由定故心如古井之水，秋空之天，豪爽自在；由慧故世出世法，明察秋毫，意樂自在。但有慧無定，流於掉舉，有定無慧，易入昏沉，故須定慧平均，方能善調意樂。由定慧均調，故即能捨家趣於非家。非家，即出了家。出家有四種料簡：一身出家而心非出家，阿難所謂『身雖出家，心未入道』；二心出家而身非出家，如淨名居士等；三身心俱出家，如大阿羅漢比丘僧，身具僧相，心脩梵行；四身心俱非出家，如普通俗人。今此出家，自理而言，亦可說出煩惱生死之家，入如來法王之家；蓋定慧均調，必能斷諸煩惱生死之因，則煩惱生死果報之家亡矣。受持學處，不毀正見，乃至行菩薩道，速得圓滿，是皆因藥師願力，捨惡修善，入三摩地，漸漸取證佛慧也。

庚三　滅妬碍罪得解脫益

復次，曼殊室利！若諸有情，慳貪嫉妬，自讚毀他，當墮三惡趣中，無量千歲，受諸劇苦！受劇苦已，從彼命終，來生人間，作牛馬駝驢，恆被鞭撻，饑渴逼惱，又常負重，隨路而行。或得爲人，生居下賤，作人奴婢，受他驅役，恆不自在。若昔人中，曾聞世尊藥師瑠璃光如來名號，由此善因，今復憶念，至心歸依，以佛神力，衆苦解脫；諸根聰利，智慧多聞，恆求勝法，常遇善友，永斷魔罥，破無明㲉，竭

煩惱河，解脫一切生老病死，憂愁苦惱。

慳貪者，鄙吝不施，殉罪無厭。嫉妒者，不耐他榮。此皆由無遠識，無大智，心量狹窄，故造自讚毀他之業。瑜伽菩薩戒本所謂：『他實有德，不欲讚美，他實有譽，不欲稱揚，』由此鈎心鬥角，造諸惡業，當墮惡趣，受大劇苦。惡趣苦盡，來生人間，報感畜類，則備受夏楚之苦；或感人道，作人奴婢，不得自由。此恆被鞭撻，即嫉妒之餘報；饑渴逼惱，即慳貪之餘報。天網恢恢，疏而不漏，善惡昭彰，因果難逃，此之謂耳。

自昔人中文下，正明滅妒罪得解脫。益此類有情，由昔曾聞藥師名號，種下善因，今以佛力加故，如春雷春雨之擊發，使其識田中之種子起現行而萌芽，歸誠三寶，解脫苦因，不受苦果。轉昔日之正報殘缺，得今日之諸根完具，轉昔日之愚癡魯鈍，得今日之聰明智慧。魔罥者，即魔之罥網，今既恆求勝法，常遇善友，多聞智慧，常生正見，心身性命，皈依三寶，自然不落魔之罥網矣。無明㲉者，謂衆生常為無明煩惱所困縛，不知諸法之眞諦，墮在黑漆桶中，喩之以㲉，今智慧光明現前，無明之㲉照破矣。煩惱河者，謂三惑煩惱，能使衆生長淪漂溺，喩之爲河，今修戒定慧三學，斷除三惑煩惱之河竭矣。無明煩惱之因旣窮，則生死之果亦盡，憂悲苦惱不可得矣。人生在世，生老病死，誰人能免？略言之，則爲生死。生死有分段生死與變易生死，證二乘聖果卽出三界分段生死，證大菩提果，則變易亦亡。此破無明㲉，竭煩惱河，解脫一切生老病死，卽超變易而證究竟菩提佛果者也。

庚四滅惱害罪得安樂益

復次，曼殊室利！若諸有情，好喜乖離，更相鬬訟，惱亂自他，以身語意，造作增長種種惡業，展轉常爲不饒益事，互相謀害，告召山林樹塚等神；殺諸衆生，取其血肉祭祀藥叉羅剎婆等；書怨人名，作其形像，以惡咒術而呪詛之;厭魅蠱道,呪起屍鬼,令斷彼命,及壞其身。是諸有情,若得聞此藥師瑠璃光如來名號,彼諸惡事,悉不能害,一切展轉,皆起慈心,利益安樂,無損惱意,及嫌恨心,各各歡悅,於自所受,生於喜足,不相侵陵,互爲饒益。

惱害者,以衆生迷昧無知,於諸法中,計我人自他之相,由此起貪嗔癡業,順我者貪,逆我者嗔,而根本由於無明癡。內貪嗔癡故,外殺盜婬,身口七支,互相惱害。好喜乖離者,卽兩舌惡口,說離間語,向此說彼,向彼說此,是愚癡也。又乖離與和合相反,如僧伽稱和合衆,有理和事和。理和卽由共同智慧所見之共同眞理思想,眞理思想旣和,則所發出之事相行爲亦和矣。故小自一家庭一社會,大至全世界之人類,各能和合,則世界卽可相安無事;否則此亦一是非,彼亦一是非,鬬亂諍訟之事起矣。是皆嗔也。或口諍,或筆戰,或吃官司,曰諍訟。諍訟之不已,拳棒交加,曰鬥，終至頭破血流兩敗俱傷，惱害自他。身語意爲三業：身殺，盜，婬；口妄言，綺語，兩舌，惡口；意貪，嗔，癡。如是三業輾轉，鬥諍惱亂，常作不饒益事。所謂『一見寃家，分外眼紅』我以權勢害彼，彼以智巧害我，互相惱害。又權勢智巧皆不及人者，則不得不出此下策：或告召山林樹塚等神，向他哭訴，令斷彼命；或殺諸衆生，取其血肉以獻媚祭祀藥叉羅刹等鬼，令斷彼命。藥叉是捷疾鬼，羅刹是噉人鬼，唯噉生人；若死屍臭爛者，咒起食之。或作人形像，書彼生辰八字，以惡咒詛之，令彼斷命。如西藏之黑教，多幹此等勾當。或以魘魅蠱道等他鬼加害於人；或以毘陀羅咒屍令起，教執刀杖，令斷彼命。如是等類，皆以力不及人，而暗中害彼寃家以斷其命者。

自若得聞此藥師文下，正明滅惱害罪得安樂益。是諸被難有情，由仗藥師如來本願功德，彼諸惡鬼，惡事皆不能相害，且能轉令惡鬼惡人起慈能與樂之心，成善人善鬼，不相侵害，互相饒益。彼此眼見色，耳聞聲等所受用物，無非在歡悅和氣中生活着，協力同心，和衷共濟，建立社會道德的互助基礎，則由嫌隙懷恨之心而起的鬪訟亂子，無從發生，人類可趨和平矣。

己二往生益（三） 庚一化生寶華益

復次，曼殊室利！若有四衆苾芻，苾芻尼，鄔波索迦，鄔波斯迦，及餘淨信善男子善女人等，有能受持八分齋戒，或經一年，或復三月，受持學處，以此善根，願生西方極樂世界，無量壽佛所，聽聞正法，而未定者；若聞世尊藥師瑠璃光如來名號，臨命終時，有八大菩薩，其名曰：南無文殊師利菩薩，南無觀世音菩薩，南無得大勢菩薩，南無無盡意菩薩，南無寶檀華菩薩，南無藥王菩薩，南無藥上菩薩，南無彌勒菩薩。是八大菩薩，乘空而來，示其道路，卽於彼界種種雜色衆寶華中，自然化生。

此文顯不但由藥師佛力消災延壽，且能於臨命終時，決定往生。四衆者：一苾芻見前釋。二苾芻尼，乃出家女衆之通稱。三鄔波索迦，此云「近事男。」鄔波斯迦，此云「近事女」此爲在家二衆近事三寶者。及餘淨信善男子善女人等，卽指沙彌，沙彌尼，式叉摩那，及受三歸未受五戒等人。八分齋戒者，分者支也。一不殺，二不盜，三不婬，四不妄語，五不飲酒，六不着香花鬘不香塗身，不歌舞伎倡，七不坐高廣大床，八不非時食。前七爲戒，後一爲齋，故名齋戒。此八分齋，未受五戒者，亦可受持；已受五戒者，亦可於每月初八，十四，十五，二十三，二十九，三十（月小加二十八）之六齋日，持此八分齋戒。或經每年正月，五月，九月，年三長齋月，受持八分齋戒，功德尤勝。以佛說四天王於此三月中正巡至南贍部洲，持齋修福者，功倍於常。如是等人，受持學處，種種功德，回向發願，欲求生西方極樂世界，親覲彌陀，聽受正法，而心未決定者，由藥師如來本願功德力故，臨命終時，有八菩薩，乘空而來，示其道路，導其往生於淨琉璃土種種雜色寶花之蓮池中，自然化生。雜色者，如彌陀經所云：『青色青光，黃色黃光，赤色赤光，白色白光。』八大菩薩者，藏中三譯，皆無其名。義淨法師譯本且作『有八菩薩，乘神通來，示其道路。』八菩薩名，乃依灌頂經添入，故今不釋。然此有疑者，聞藥師佛名，往生藥師淨土，何須八大菩薩助之往生耶？又何必於欲生西方未決定者乃導之往生耶？則因藥師佛法門，以消災延壽爲主，往生淨土乃其兼帶之益，而欲生西方者，卽屬淨土之機；又未決定，將致功行虛棄；以其與藥師佛緣熟，故由此土名稱普聞衆所崇敬之八菩薩，助生琉璃國耳。

庚二　或生天人益

或有因此生於天上，雖生天上，而本善根，亦未窮盡，不

復更生諸餘惡趣。天上壽盡，還生人間，或爲輪王，統攝四洲，威德自在，安立無量百千有情於十善道；或生刹帝利，婆羅門，居士大家，多饒財寶，倉庫盈溢，形相端正，眷屬具足，聰明智慧，勇健威猛，如大力士。若是女人，得聞世尊藥師瑠璃光如來名號，至心受持，於後不復更受女身。

前由藥師佛力往生淨土，此由藥師佛力亦或生天。天即三界二十八天。欲界四天王等六天，色界初禪天，二禪天，三禪天，四禪天等十八天；無色界空無邊處天等四天，合有二十八天。但生天爲有漏善因，招有漏樂果，天福盡時，猶須墮落。如昔人生非非想天，猶墮作牛領中蟲，誠所謂『縱使修到非非想，不及西方歸去來。』永嘉大師云：『住相布施生天福，猶如仰箭射虛空；勢力盡，箭還墜，招得來生不如意！爭似無爲眞實門，直入頓超如來地。」但此因聞名功德，雖生天上，受上妙樂，而本善根，猶未窮盡，故不墮惡趣，還生人間，作轉輪王，統攝四洲，威德自在。輪王有四：一金輪王，二銀輪王，三銅輪王，四鐵輪王。四洲者：一東勝神洲，二南贍部洲，三西牛賀洲，四北俱盧洲。此四稱洲者，以其居須彌山之腰身，爲七重鹹水海所包繞也。鐵輪王掌南方一洲，銅輪王掌南西二洲，銀輪王掌南西東三洲，金輪則掌四洲，故曰統攝四洲。其稱爲輪王者，以其生時現有寶輪，王時御此寶輪，巡禮四洲故也。此金輪王具足七寶千子，能以威德感化四十天下有情，修十善道，故曰安立無量百千有情於十善道也。十善者，與十惡反，見前。

或生刹帝利，婆羅門等，正明或生人道，亦得利益。刹帝利爲印度四姓之一，卽王之種族。婆羅門，居士，見前釋。生於此等大家，衣食豐富，財寶無量，外則相貌端嚴，人見欽悅，內則聰明智慧，知書達理，且具威猛尚武之精神，爲人類之英雄力士，此一面固由自修善行，一面實因藥師功德有以致之也。

若是女人下，乃明由藥師功德願力，女轉男身。蓋女人無丈夫相，爲人輕賤，多感苦痛，所謂『女人眼淚多，』非痛苦之象徵歟？法華經舍利弗云「女人身有五障：一者轉輪王身，二者梵王身，三者帝釋身，四者國王身，五者佛身。」今由佛力，轉女成男，快樂自由，盡未來際，更不復受女身。此女轉男身，亦歸往生文攝。上聞名利益文竟。

戊二誦咒利益（三）　己一佛觀病苦

復次，曼殊室利！彼藥師琉璃光如來得菩提時，由本願力，觀諸有情遇衆病苦，瘦瘧乾消，黃熱等病；或被厭魅蠱毒所中；或復短命；或時橫死；欲令是等病苦消除，所求願滿。

此乃藥師加被益中第二誦咒利益。藥師如來因觀衆生病苦而入定，於光中說咒，滅除衆苦；復令聞者輾轉持誦，得大利益。自復次下至勿令廢忘之文，奘譯原無，皆自淨譯添入者。前來廣明藥師如來因地如何發種種大願時，如第六願云：『聞我名已，一切皆得端正黠慧，諸根完具無諸病苦。』第七願云：『我之名號，一經其耳，衆病悉除。』故得菩提時，由本願力，爲滿本願故，卽觀有情病苦而說咒。病苦者，有病故老死皆隨之，所謂三苦八苦，無量諸苦，皆隨之而來。瘦瘧者，卽虛弱病，如骨瘦如柴，弱不禁風。乾消卽消渴病。黃爲黃胆黃膵病。熱爲熱病。及諸傷寒瘟疫等病。此等諸病，或因先天不足，或因四大不調而起。魘魅爲鬼病，因爲鬼所中而病者，如睡時覺有物壓於身，欲呼不能，皆爲魘魅作祟。或因寃業而病，或因寃家呪召魘魅令生病。蠱道者，蠱字三虫一皿，顧名思義，卽可知其爲何物。中國民間相傳養蠱者，捉多虫置一盆中，以符閉之，誦咒使其互相呑食，强存弱亡，最後留存之一虫，卽成爲蠱，爲虫中之妖精，放之，能於無形中害人成病。故魘魅蠱道等病，皆由他有情使之而病。由此自病他病，致遭短命，或橫死，不能善終其天年。，即促短其生命而致夭折。橫死者，橫讀去聲，即由橫難而死，如橫截木身，頭尾異處。藥師觀諸病苦，爲入定說咒之動機，既說咒已，令衆生病除滿衆生願，亦即滿藥師本願也。

己二 光中說咒

時彼世尊，入三摩地，名曰「除滅一切衆生苦惱。」既入定已，於肉髻中，出大光明；光中演說，大陀羅尼曰：那謨薄伽筏帝，鞞殺社窶嚕，薜琉璃鉢剌婆喝羅闍也；但陀揭多耶，阿羅訶，喝帝三藐三勃陀耶。怛姪陁：唵，鞞殺逝，鞞殺逝，鞞殺社，三沒揭帝，娑訶。爾時光中，說此咒已，大地震動，放大光明，一切衆生，病苦皆除，受安隱樂。

呪爲方便之用，以定爲其本體，故欲說呪，必先入定。如說首楞嚴呪等，皆先入「首楞嚴」等大定。三摩地即三昧，此譯爲定，由此定中能發種種神通種種陀羅尼。但譯定者，順中國之字義；若依義直譯之，可作「等持」。等謂不偏不倚，即將心力集中，四平八穩，保持不動，豈非定耶？故入三摩地，即是入定，唯三摩地乃定之總名，別名甚多。亦曰「心一境性」，即將心專注一境，使不流散，如是之心即爲定。亦曰「靜慮」，即「禪那」；或「緰繕那」，以心極寂靜而能審慮立名。亦曰「三摩呬多」，譯「等引」，由等持引發深定心。亦曰「三摩鉢底」，譯「等至」，由心等持所至深境。如是諸名，皆爲三摩地之別名。但定之功用各各不同，今所入之定，名「除滅一切衆生苦惱」，爲其特別功用。定能引發種種妙用，故亦名「功德林」，亦名「功德寶藏」。所謂『萬法唯心』，若心在散位，則心爲形役，心隨境轉，逐物浮沉；若心安定，專于一境，精誠所至，金石爲開，則心能轉物矣。然欲界凡夫，皆具散心；即上二界定力，爲境量拘限；三乘賢聖，展轉勝進；唯佛定力，最極隨心自在；此藥師所以欲滅除衆苦，卽有滅除衆苦之可能也。肉髻者，卽佛頂隆然而起之髻相為三十二相之一相，為佛福德圓滿最尊相也。既入定已，從此肉髻中放大光明，然後宣說陀羅尼呪。此顯先由大願起大悲入大定，從大福聚中放大智光而說此咒陀羅尼此譯「總持」明于一句之中，總持無量功德。又譯「遮持」遮除一切病苦，保持一切康甯。其功德廣大而不可思議，故言為大。一切咒語本不翻譯，卽四不翻中之密祕不翻。但今不妨略示其義。「那謨」譯皈依或敬禮；「薄伽筏帝」卽薄伽梵世尊之義；「鞞殺社窶嚕」卽藥師；「薜琉璃鉢剌婆喝羅闍耶也」卽琉璃；「怛陁揭多耶」卽如來；「阿囉訶帝」譯應；「三藐三菩提耶」譯正等覺；故連合之卽「皈依世尊藥師琉璃光如來應正等覺，」或「敬禮世尊藥師琉璃光如來應正等覺。」「怛姪陁」乃是「卽說呪曰」之義。自唵至娑訶，方是大陀羅尼咒之正文。藥師如來由大悲大定大智而說此咒，總持一切佛果功用，其義無窮。華嚴玄談所謂『一字法門，海墨書而不盡。』蓋此乃藥師佛祕密符印，一心誦持，感得藥師如來心心相印，卽可獲大妙用，如祕鑰之能開功德寶藏，若無鑰匙，雖有功德寶而無法取用之也，唵字照中國陝西一帶古音，應讀「翁」字音，其聲較長。唵字總攝四智菩提，清淨法界一切佛果無漏功德，掃盡一切染法，圓成一切白法。如唯識頌所謂：『此卽無漏界，不思議善常，無漏解脫身，大牟尼名法。』呪爲總持，此唵字實爲總持之總持，故一切經咒皆冠以唵字。「鞞殺逝，鞞殺逝，鞞殺社」皆「藥」之義，如言「以衣衣之」或「以藥藥之」之藥，作動詞用。但鞞殺逝，鞞殺逝，卽爲「藥之藥之」之義，是醫治義，雙言藥之含醫治自病他病義，鞞殺社，卽「藥」爲名詞。以藥治自病，愈復治衆生病，愈，故疊言以藥之藥之也。「三沒揭帝」卽「普度」義。莎訶爲「速疾成就」義。「綜合」其意，卽祝以藥普度一切衆生病苦之大願速得成就也。

藥師如來未說呪前，彼琉璃世界衆生，或猶有病苦可得，自說咒後，彼界大地震動，普現祥瑞，一切衆生病苦皆除，安隱快樂，故自爾時至安隱樂，皆述其界當說呪時之得益也。

己三持呪除病

曼殊室利！若見男子女人，有病苦者，應當一心，爲彼病人，常清淨澡漱，或食，或藥，或無蟲水，呪一百八遍，與彼服食，所有病苦悉皆消滅。若有所求，志心念誦，皆得如是無病延年；命終之後，生彼世界，得不退轉，乃至菩提。是故：曼殊室利！若有男子女人，於彼藥師琉璃光如來，至心殷重，恭敬供養者，常持此呪，勿令廢忘！

一心，故意業清淨；澡洗，故身業清淨；誦咒，故語業清淨。三業專精，爲彼病人，於飲食或藥水等物，於此一種加持，誦百八遍咒語，令彼病人飲服，一切病苦，皆可消除。呪字中國字本義爲呪詛呪願，祝呪。換言之卽禱告。但此有善有惡，如禱告個人消災得樂，或世界和平，皆爲善的禱告；若咒詛寃家，祈禱害人者，皆爲惡的禱告。故今唵鞞殺逝等呪，以藥除病，皆善呪也。又呪爲陀羅尼之一，如解深密經說有四種陀羅尼：一法陀羅尼，二義陀羅尼，三忍陀羅尼，四呪陀羅尼；今此卽呪陀羅尼攝也。又若至心念誦，所求皆遂，不但現生消災除病，延年益壽，臨命終時，亦得往生琉璃世界，乃至證得究竟菩提，一切行位等皆無退墮也。自『是故曼殊，』至『勿令廢忘，』此明持呪既有種種功用，故淨信男女宜各至心常持，勿稍懈怠而忘失。由至心故生信，信故受持，若無信則自閉其門，雖有慧光不能照也。又至心慇重故，意業清淨；意清淨故身口亦淨；然後才能盡己所有供養於佛，不特物質供養，卽將心身性命之精神，亦歸敬供養於佛。所謂「歸命」者，此之謂也。如是持呪，自得延年益壽，臨終往生，亦使他人延年益壽，臨終往生，自利利他，功德大矣。上藥師加被益文竟。

丁二有情持奉益（三）　戊一佛說消災周（四）　己一釋尊標示

復次，曼殊室利！若有淨信男子女人，得聞藥師琉璃光如來應正等覺所有名號，聞已誦持，晨嚼齒木，澡漱清淨，以諸香花，燒香塗香，作衆伎樂，供養形像。於此經典，若自書，若教人書，一心受持，聽聞其義，於彼法師，應修供養。一切所有資身之具，悉皆施與，勿令乏少。如是便蒙諸佛護念，所求願滿，乃至菩提。

此下為正說分中第二機益一大科所開出之第二段有情持奉益之文，正此經宗要之所在。如前曼殊啓請言：『惟願演說如是相類諸佛名號，及本大願殊勝功德，令諸聞者業障消除，為欲利樂像法轉時諸有情故。』是知此經之發起，全爲利樂像法有情。卽世尊讚許中亦說：『汝以大悲，勸請我說，』乃至『爲拔業障所纏有情，利樂安樂像法轉時諸有情故，』故有情持奉益文實爲此經之重心。如全部法華，以授記聲聞成佛爲主要，故有三周說法：一法說周，上根悟入；二喩說周，中根悟入；三因緣說周，下根悟入。故今經以有情持奉利益爲主要點，亦卽分爲三周：一佛說消災周，二救脫延壽周，三藥叉誓護周。三周之文，各自獨立，各彰其義，各有其宗要點；然亦互相攝入，互相交徧，如帝網珠之重重相映也。佛說消災周文有四，今初釋尊標示。

淨信者，轉依之基礎，正行之要鍵，爲學佛者必具條件；蓋由淨信故，一切清淨心心所皆得相應而起。信心所居法相十一善心所之初，善以此世他世順益爲義；此信心自性清淨，亦能令餘心所清淨，如水清珠能清濁水，故此言信，與常言之信異。常言「迷信」或「誤信人言」，其信中皆含錯謬成分，不可與此淨信同日而語。以此淨信具有三個條件：一信實，信有諸法眞實事理；二信德，信有三實眞淨功德；三信能信自己有修行，斷惑證果之本能。如是依眞實事理，三寶功德，本具功能，而起信心方稱淨信；亦可引餘善心相應而起。故華嚴云：『信爲道源功德母長養一切諸善根，』爲三乘聖道之源，一切功德之母，諸戒定慧善根莫不由此發生。如是淨信男子女人，能於藥師如來名號，聞已誦持，卽可得益。誦爲背誦，持卽意持不忘。如是誦持名號，由名召德，卽能攝取佛果一切功德。晨嚼齒木，卽嚼楊枝，淸口澡身，使內三業淸淨。以諸香花，至供養形像，使外壇場莊嚴。若自書若教人書者，古印度佛經皆以貝葉書寫。中國古亦用紙書寫，自五代宋明以來，卽有刻本流通，故亦可以刻經流通，代替寫經功德。一心受持，包括讀誦受持，講習思維其義，爲他人說等等。法華明五品法師功德，一隨喜品，二讀誦品，三說法品，四兼引六度品，五正行六度品，皆可於一心受持攝盡。又諸經論明十法行：一書寫，二供養，三施他，四諦聽，五披讀，六受持，七開演，八諷誦，九思維，十修習；亦於此一心受持中攝之。受持，卽聽受記持。蓋佛經結集，祇是經大衆會誦，未必卽有寫本，故初學者須師傳授，方可從之聽受記持，如今西藏佛徒，尙實行授受之制度。雖然，時至今日，經典流通，凡識文者，皆可披讀誦持，思維其義，故中國從古以來，卽多從文自悟之師也。法師之「法」，狹義言之，如四無碍辯中之法無碍辯，法對義言，但指能詮敎法；廣義言之，則能詮之敎與所詮之義，法界諸法無非是法。如法思維，通達善解其義，以法自師；復能輾轉開示宣說，以法爲他人師，故曰法師。吾人於經典得以受持讀誦，思維其義，者皆由法師爲導引，法師之恩德甚深！故應布施供養，盡意敬重；非特物質盡量供養，卽以身命供養，亦所不惜，方稱眞誠求法。觀夫釋迦因地求半偈而捨全身，可爲規範也。時至今日，邪見熾然，有法不求，反誹謗之，譏毀之，而不遺餘力，可慨也夫！故學佛者，淨信三寶，方蒙諸佛護念，以佛果功德，皆由因地淨信而起，由淨信而紹隆佛種，續佛慧命，故爲佛所護念，如母憶子，念念不忘，則所求者，皆得遂願圓滿，善根增長，漸證菩提。

己二　曼殊奉揚

爾時，曼殊室利童子白佛言：「世尊！我當誓於像法轉時，以種種方便，令諸淨信善男子善女人等，得聞世尊藥師琉璃光如來名號，乃至睡中亦以佛名覺悟其耳。世尊！若於此經受持讀誦，或復為他演說開示，若自書，若教人書。恭敬尊重，以種種華香，塗香，末香，燒香，花鬘，瓔珞，幡蓋，伎樂，而為供養。以五色綵，作囊盛之。掃灑淨處，敷設高座而用安處。爾時四大天王，與其眷屬，及餘無量百千天眾，皆詣其所，供養守護。世尊！若此經寶流行之處，有能受持，以彼世尊藥師琉璃光如來本願功德，及聞名號，當知是處，無復橫死；亦復不為諸惡鬼神，奪其精氣，設已奪者，還得如故，身心安樂。」

曼殊既聞世尊開示藥師如來本願功德利益有情，故發誓願，奉揚是法，使像法有情未聞者聞，已聞者增長，種種設法，傳流此經，故今日能得以講讀此經，皆曼殊誓願加被之力也。華香，塗香，末香，燒香，花鬘，瓔珞，幡蓋，伎樂，皆是供養莊嚴之具。花香，燈，塗，鼓樂為五供養，此中皆已具足。五色綵綴，作囊盛經，以表敬重。掃灑清淨，莊嚴處所。如是奉揚此法，即能感得四大天王等來護持道場，供養尊重。四大天王亦曰護世四王，以四天王天處三界諸天之下，距離人間最近，與人間有密切關係，故能護人護世也。及餘無量百千天衆，即指四天王天以上忉利天等諸天。以佛法流通之處，即天人福德得以增長之處，故踴躍歡喜而來護法也。此經寶流行之處，即有人依十法行受持之處。但信受奉持，必能解其義，若不了解，卽難正信而信如手，人若無手，雖有人授與珍財而不能接受，無信則雖有功德寶亦不能受取。故能眞實信受奉持，及聞名號，皆得離諸橫死。橫死者，種種不一，或不衞生而死，或病不醫治而死，或肆無忌憚遭刑網而死，或遇人禍天災不測而死等，皆爲橫死之原因。又有世人所不常見之橫死，卽如前魘魅諸惡鬼劫奪精氣等而死也。

己三釋尊重詳軌益(三)　庚一開示儀軌

佛告曼殊室利：「如是！如是！如汝所說。曼殊室利！若有淨信善男子善女人等，欲供養彼世尊藥師琉璃光如來者，應先造立彼佛形像，敷清淨座而安處之，散種種花，燒種種香，以種種幢幡，莊嚴其處。七日七夜，受八分齋戒，食淸淨食，澡浴香潔，著淸淨衣，應生無垢濁心，無

怒害心，於一切有情，起利益安樂，慈悲喜捨平等之心，鼓樂歌讚，右遶佛像。復應念彼如來本願功德，讀誦此經，思惟其義，演說開示。

此因曼殊誓願奉揚，故世尊重爲詳示儀軌，卽將應如何去修習奉揚之方法，廣爲開示。曼殊之言上契佛理，下適衆機，故佛印可之以如是如是。此言修持方法，須先造藥師佛形像，然後以華香莊嚴道場而供養之。但應如何建立形像耶？此須依據前第一第二願中明佛身光相好莊嚴，而建立之。七日七夜受八分齋戒等，此專指在家信衆而言，卽修建藥師法會七日七夜，齋戒受持，香花供養，與今之寺院中修建彌陀佛七等相似。食淸淨食，不但素食，尤重過午不食之禁；若過午食，卽爲不淨之食，五葷及腥血肉之食更無論矣。澡浴香潔等，卽三業淸淨，一心恭敬，七日七夜，受八齋戒，如法修持。無垢濁心者，法不孤起，仗境方生，壇旣淸淨，心須無垢濁若心不離垢濁，壇淨亦復奚益？穢汚堆積曰垢，泥水混沌曰濁，設以心如淨鏡，因貪等煩惱之穢積，則如鏡着塵垢矣。設以心如淸水，因貪等煩惱之汚滓，則如淸水混泥濁矣，故今應生無垢濁心，卽將一切煩惱伏息，起淸淨心。既無垢濁，應無怒害。然怒害心爲煩惱中最鋒利之煩惱。怒心爲小隨煩惱中之忿。害心卽小隨煩惱中之害。此怒害心形之於外，無非損人的行爲。本來佛心衆生心，一心一切心，交互相徧，由此怒害心起，卽與諸佛慈悲之心隔絕，而障蔽與一切衆生相通之本能也。所謂『一念嗔心起，百萬障門開，』卽此之謂矣。由無垢濁心，起淸淨心；由無怒害心，起慈悲心，對一切有情識有思想的同類有情，起利益安樂慈悲喜捨平等之心。又無垢濁心，無怒害心，猶爲佛敎消極方面破除者，而一般不明佛理之人，卽以此目佛敎爲悲觀的或消極的；不知佛敎於破壞垢濁怒害之心後，卽隨而建設慈悲喜捨平等心所表現的積極的行爲，不智孰甚！慈悲喜捨，亦曰四無量心，以此四心普徧平等，量同法界無界限故。慈心，使諸衆生，同得利益安樂，如母憶子，時時念子安樂，而菩薩則徧諸有情。悲心，拔除衆苦，由慈爲本見衆生苦而悲痛，欲救濟其苦，盡力設法，將苦連根拔除，杜塞苦源故諸佛菩薩，皆以慈悲爲心，由慈悲故，見衆生得樂離苦，起普徧的喜心，喜心正與嫉妬心相反，以懷嫉妬心，見他好事，卽不歡喜。須有上慈悲喜三心，等觀若自若他，若男若女，衆緣所生，其性本空，無可取着，自他苦樂，平等無別，卽起捨平等心。由捨平等故，若慈若悲若喜，各各平等，卽成四無量心矣。故若慈悲等心，從自他觀念而出發，執爲實有能拔苦者，能與樂者，及所離苦者，所受樂者，則有限量，非平等心；而菩薩從二空無分智而起與樂拔苦，雖終日與樂拔苦而不見與樂拔苦，故能成其平等普徧之無量心也。

總之，塑畫形像，供養經典，受持讀誦，思解其義，開示演說，互相修習，卽組成建立藥師法會之儀軌也。

庚二　指陳効益(二)　辛一　獲福益

隨所樂求，一切皆遂：求長壽得長壽；求富饒得富饒；求官位得官位；求男女得男女。

此獲福文略，下免難文稍廣。由前建立藥師七佛道場，七日七夜，齋戒沐浴，如法修行，卽將此功德囘向，皆得隨願所求。但發願須在功行未修之前，而囘向則在功行修成之後，將此功德，或囘向個人消災獲福，或囘向法界衆生：此發願與囘向之區別也。但世俗一般人所欲求者，不外福祿壽喜等，故此中卽隨俗而說。壽乃人生得以維持生命的最重視者，壽若無則雖有整千盈萬之產業，不能享受，故曰『五福壽爲先。』佛法謂人身難得，若既得人身，如嫩木初長天眞時期，若遭夭折，卽不壽矣。又至壯年時期，血氣方盛，正是青雲直上奮發有爲之日，忽遭不測，百業不成，志願未伸，尤爲可憫！至於老年，欲壽不能，亦極痛苦，故求長壽實爲人生最大之要求；而尤爲富貴者所需要，亦爲中國人特別需要。因中國人素重現生富貴，不若西洋人斤斤乎求生天國，故須先求長壽來保障富貴。尤其中國之道教，求長生久住之道，與萬物並茂，與天地同春，皆求長壽之表徵。然眞長壽，非人所能，卽道教長生久住，亦非究竟；蓋究竟長壽，無始無終，不知本末，若落本末，卽有始終，故雖壽長至非非想處，亦有盡時，何況道教？卽如道教壽與天地同春，而天地亦有成住壞空之變，故其壽是相待的非絕待的，是有盡的非究竟的。道教尚且如是，又何論人壽耶？人之壽命，由阿賴耶識中「引」「滿」二業種子之原動力，引生一期異熟果報之命根，有形段，有限量，呼吸不來，命根卽斷，故亦是相待的非究竟的；若究竟無限，須空異熟業報，則業命斷而任運相續之無分別智的慧命長存。菩薩根本智證眞如法身，慧命相續，無漏功德，輾轉增上，卽不爲異熟業命有形段之限量，然地地新陳代謝的微細變易未窮，故有變易壽限。唯至佛果大圓鏡智相應，轉成庵摩羅識，相續湛然，無有窮盡，方爲究竟無量壽也；但此爲佛之報身壽。佛有三身，自其法性身言之，從本以來，不生不滅，無始無終，衆生與佛平等平等；但衆生未證，只可名法性，不得名身；菩薩少分證得，佛果究竟滿證。此法性身與報身之自受用身，一味普遍。至他受用身與變化身，則機緣無盡，佛身無盡。故總言之，法身自性長壽，報身相續長壽，應身無盡長壽，三身壽命永久無盡。此云求長壽得長壽，或得天上人間較長壽命，或得究竟佛壽，佛以願力，皆令隨願以償。

求富饒得富饒者，富饒卽財物珍寶，倉庫盈溢，資生之具，無所乏少。常言福報，廣義通長壽等，狹義唯局富饒，富饒故有福。中國人最喜求富饒，如一般燒香禮佛者，求發財居多，此亦爲人情之常，故佛能令遂其願。約深義言，佛法明布施，有財施，法施，無畏施，因布施故，果得七聖財，及一切功德法財，故佛爲世出世間之大富長者。

求官位得官位者，官之本義爲公，居官位掌職權，原爲國家人民社會羣衆服務。故狹義言官位，雖局政治文武官僚；廣義言之，凡爲公衆服務，皆可名官。所以懷抱絕大之士，立志治國安民，而欲以貫徹其主張，達其目的，方有居官掌權之必要，以實行其治國安民之素志，如此求官位，方不失其求官位之意義。世俗流弊，唯假官位以張威勢而謀俸祿，滿足私人家族生活，則非設官之本意也。但無論其爲公爲私，皆亦人情常有，令之隨願得遂。又以佛法言之，菩薩自利利他，爲人類謀幸福，爲世界謀安和，方爲眞正大官，而官位之究竟，莫逾於無上丈夫調御士之天人師之世尊也。

求男女得男女者，既得富饒家業，必仗子孫嗣續，尤其中國人富於種族思想，自高祖至玄孫，數代相聚，引爲樂事，而世界人類亦皆有其願，然綜其求子女原因，不外兩種：或因家產充足，以待傳持；或因有志未遂，以待繼續。故無子女實爲人生最大憾事！即如吾國出家人之寺院產業，亦待徒子徒孫法子法孫之繼續，何況世俗？故佛隨人願，凡求子女皆令滿足。但此子女，佛法亦有深義。維摩經云：『慈悲心爲女，智慧誠實男。』法華化城喻品云：『男女皆充滿，』即定慧皆充滿。

故佛果之大悲大智大定，皆爲勝義男女。人生之欲求雖多，舉其犖犖大者，不外以上四種；即此四種擴充其義，俱通達佛法深義焉。

辛二免難益（五）　壬一百怪出現難

若復有人，忽得惡夢，見諸惡相；或怪鳥來集；或於住處，百怪出現；此人若以衆妙資具，恭敬供養彼世尊藥師琉璃光如來者，惡夢惡相，諸不吉祥，皆悉隱沒，不能爲患。

忽得惡夢，百怪出現，皆爲不祥之兆。其致詭怪原因，或宿業或四大不調，或鬼神作祟。佛經中言阿難得惡夢，及佛母摩耶夫人，佛涅槃時，在忉利天宮得惡夢等，此等皆爲預兆。但萬法唯心所現，若遇惡夢怪異，不覺其惡，視若無事，亦即無事；若既驚恐不安，心有掛礙，則將不免爲患。今以建立藥師道場，恭敬供養，由佛力故，不吉祥事皆自隱沒，不能爲患。

壬二一切怖畏難

或有水火刀毒懸險，惡象師子，虎狼熊羆，毒蛇惡蠍，蜈蚣蚰蜒，蚊䖟等怖，若能至心憶念彼佛，恭敬供養，一切怖畏，皆得解脫。

若水火，若刀毒，若惡師子，若虎狼熊羆，若毒蛇惡蠍，若蜈蚣蚰蜒，若蚊䖟等諸難，皆能傷心害命，致人於死地。又此諸毒難，表貪嗔癡諸毒煩惱，能傷害法身慧命；又由內毒故，外毒能害，若至心憶念彼佛名號，息諸內毒，則外毒亦不能傷，而得解脫。

壬三他國侵擾難

若他國侵擾，盜賊反亂，憶念恭敬彼如來者，亦皆解脫。

此爲國難，故今講經鐘聲偈云：『功勳酬民國深恩，』卽含祈禱國家平安之意。此文雖略，內憂外患靡不收攝。侵卽侵犯略奪，破他國之領土完整，先於文化，政治，經濟種種侵略，使之民不聊生，騷擾不寧，內訌紛起，鷸蚌相爭，遂令漁人得利。今自中國觀之，數十年來，皆是處在內憂外患重重困頓之中，文化受侵略，故人民思想紊亂；政治受侵略，故關稅法權失主；經濟受侵略，故人民生活枯竭；因之匪共蠢起，盜賊猖狂，加以軍閥割據，公然反亂。原國家之建立，本爲保障人民權利，今則國患如此，民何以堪！而此職責，各有攸歸，在昔以帝立國，帝負其責；今者以民立國，宜由國民共負其責。然救國之法雖不一，若能至心憶念彼佛，國民信仰心得安定，亦解脫國難一法也。

壬四　犯戒墮落難

復次，曼殊室利！若有淨信善男子善女人等，乃至盡形，

不事餘天，唯當一心，歸佛法僧，受持禁戒；若五戒十戒，菩薩四百戒，苾芻二百五十戒，苾芻尼五百戒。於所受中，或有毀犯，怖墮惡趣，若能專念彼佛名號，恭敬供養者，必定不受三惡趣生。

前三難，通於一切人類，此則指已皈佛法修學者之難。戒律既受，毀之則墮！未受戒而不守戒律，不道德而已；若受戒破戒，則加破壞佛制之罪，罪過極重，甚於洪水猛火之難。此淨信善男女之皈依三寶者：皈依佛故，誓不依天魔外道為師；皈依法故，誓不讀邪外典籍；皈依僧故，誓不與外道惡人為伍。故受三皈者，即盡形不事餘天，堅固信心，進而以佛所說法門，規正個人行為，故須受戒。戒分止作，止者應止，作者應作。今禁戒者，專指止而不作之戒。如五戒十戒，為戒之基礎，修戒之初步，所有餘戒，靡不基此輾轉增上而成立。五戒，即不殺，不盜，不邪婬，不妄語，不飲酒。十戒者，戒除身三，口四，意三之十惡，爲在家二衆修戒之法。又有沙彌十戒，爲出家修持之初步。菩薩四百戒，應別有其本，略而言之，如瑜伽菩薩戒本之四十三戒；梵網經之十重四十八戒。苾蒭二百五十戒，指大數而言，如四分律僧祇律等皆不足此數，此因戒之開合有異，義無何別。苾蒭尼五百亦指大數而言，現行戒本亦祇三百餘戒。如是七衆弟子，其於戒法，或因毀犯而起恐怖，若能專念彼佛，恭敬供養，三惡之苦，皆不能受。

壬五婦女生產難

或有女人，臨當產時，受於極苦；若能志心稱名禮讚，恭敬供養彼如來者，衆苦皆除，所生之子，身分具足，形色端正，見者歡喜，利根聰明，安隱少病，無有非人，奪其精氣。

前既求男女者得男女，既有男女，必有生產。生產之難，極其痛苦，而爲婦人所不免。若子母俱福，安全無事；若子母俱無福，或寃家投胎，則苦矣！故佛教稱人之生日爲母難日，故於母親宜加孝敬，以酬深恩。但臨產難極苦之時，自能至心稱念佛號；或親戚家眷代爲修建藥師法會，塑畫形像，請誦經典等，由佛願力，卽可免此苦難，安全而生。或所生子，醜陋殘病，甚至夭折，因此亦能轉使諸根完具，相貌端正，聰明利根，人見欽敬。無有非人奪其精氣。蓋非人之鬼魅，常感飢渴之苦，往往奪取嬰孩精氣，以活其命。故能建立藥師法會，一切災難，皆可息滅，隨願所求，皆得滿足。今日若能將此法門流行於世，則世界衆生，皆得普徧消災利益，而使人生與佛法發生普徧的親密的關係，更足奠定人間佛教的基礎也。

己四阿難問增益(三)　庚一佛問信不

爾時世尊告阿難言：「如我稱揚彼世尊藥師琉璃光

如來所有功德，此是諸佛甚深行處，難可解了，汝為信不？」

此為消災周中第四，世尊與阿難互相問答，以增信心。此中分三，今第一佛問阿難信此法不。此世尊告阿難者，以阿難多聞第一，聞持不忘，結習流通，後世堪傳。阿難梵語具云「阿難陀」，此云「慶喜」，以阿難出家在佛成道後二十年，故其生時，正佛成道，龍天慶喜，因以為號。阿難出家，常隨於佛，其於佛經，有自佛親聞，有自同學長老，輾轉而聞。今此經為其親聞者。佛告阿難，此明彼佛所有功德，皆是諸佛甚深行處，不但所證之法體甚深難了，即所起之方便妙用，亦甚深極甚深，難通達極難通達，不易信受。蓋阿難信心最足，故問信不，使發揮佛言必可信之義，以增信益。此甚深行處，即前明體相中所有依正莊嚴之體，行果功德之相，佛佛道同，故言此是諸佛甚深行處，難可解了；亦同法華極力稱歎「諸佛隨宜所說，意趣難解。』『處有二解：一，諸佛甚深所行之處，依主釋。如是言處，卽佛智所行境界。佛智卽一切種智正徧知所行境界，若法界性相，眞俗事理，自他因果等，於一剎那，徧照無遺，微妙甚深，難可解了，法華所謂『諸法實相，唯佛與佛乃能究盡。』卽等覺大士亦如隔雲望月，依稀不眞，則地前三賢以至具縛凡夫更無論矣。地前聖凡既不能以智測佛，唯有以信接受，法華謂：『唯除諸菩薩，信力堅固者。』瑜伽戒本云：『若諸菩薩安住菩薩淨戒律儀，若聞甚深最甚深處，心不信解；菩薩爾時，應强信受，應無諂曲，應如是學，我爲非善，盲無慧目，於如來眼隨所宣說，於諸如來密意語言，而生誹謗；菩薩如是自處無知，仰推如來，於諸佛法，無不現知。』此言不因自己智慧狹小不了，卽不信仰甚深行處，應觀佛之人格德行，而强信受，方能漸漸解了。故今佛問阿難信不，亦含有强信性，卽在阿難答中亦具此理。二，諸佛甚深所行卽處，持業釋。此明諸佛因果功德及其所起利生方便等行，卽甚深處；則此經所明之藥師因果功德，卽是諸佛甚深之所行處、故此處字，卽指藥師甚深德行，其根本智證眞固難解了，卽後得智所起方便，亦難解了。從比量比知其義曰解，今諸佛自證甚深，非比量能到，故難解。由現量明察其境曰了，今諸佛自證甚深非現量能到，故難了。但雖有二解，後解爲正。前明體相中，不以眞如實相，中道第一義等爲體相，而以依正莊嚴行果功德爲體相者，卽諸佛甚深行處也。諸法法性，本無深淺，金剛所謂『是法平等無有高下』，法住法位，法爾常然，不增不減，不生不滅；而所以有深淺者，六凡二乘爲無明煩惱覆障，與諸佛平等法界隔絕，各各不知；利根菩薩，從比量知，現量不知；地上菩薩，以至等覺，少分證知；是則諸佛行處之甚深可知矣。故問阿難信不，以增强像法有情之信心。

庚二 阿難正答（三） 辛一 答應信佛言

阿難白言：『大德世尊！我於如來所說契經，不生疑惑，

所以者何？一切如來身語意業，無不清淨。世尊！此日月輪，可令墮落；妙高山王，可使傾動；諸佛所言無有異也！

此阿難答言，於諸佛甚深行處，雖不解了，而決信受。大德，佛之尊稱，福智圓滿，故稱大德。契經者，佛所說法，皆契經機，不契理則失法之體，不契機則失法之用。然阿難爲何於佛所說卽不生疑惑而信受耶？以世尊與十方一切如來無異，而十方如來三業清淨，說眞實語，不誑語者，故世尊語，深可信受。三業之業，動作之義，凡諸動作，皆名爲業。出家人開口卽說『業障深重』，則將業專指惡業，其實業通善惡無記三性，善又通漏無漏。佛果亦有清淨三業，華嚴普賢行願品云：『身語意業，無有厭倦』，亦屬清淨三業。然業以思心所之動作爲自體，由此生餘心心所爲相應。又意業爲意識及思等心所相應而起之動作；身語二業，爲前六識相應心所所起之動作；故三業動作，全由心識，若無心識，則如風吹水動，火能燒薪等，雖有業用，而非是業。今言身語意業，無不淸淨，顯佛果煩惱等已窮，離諸過失，故佛果三業亦稱「三不護」，以無過失覆蔽隱藏，眞所謂本無不可告人之事，信無疑議者也。又恐語不眞切，復以喩明日月可令墮落，妙高山王可使傾動，而於諸佛所說，信無有異。日月輪經行天空，本不可墮，妙高山卽須彌盧，爲山中之王，上至忉利，下至地獄，其居中心，安然不動。今縱使日月輪可墮落，須彌盧可傾動，而於佛語，信無有異，正表其信之眞切。此經所明法門，純爲果上不思議境界，唯可以信受，不可以智測，須先信佛，方有法僧，否則三寶難以建立；此菩薩戒本彌陀經等所以明『一切難信之法』，皆以信去接受也。

辛二　明不信獲罪

世尊！有諸衆生，信根不具，聞說諸佛甚深行處，作是思惟：云何但念藥師琉璃光如來一佛名號，便獲爾所功

德勝利？由此不信，返生誹謗，彼於長夜，失大利樂，墮諸惡趣，流轉無窮！

此明信根不具之有情，於佛所說諸佛甚深行處，不以信受，但以智測，則如解深密經所謂『諸佛智慧，如大海水，我等智慧，如牛跡水；』以牛跡水智測無邊佛海，此所以疑網重重猶豫不信。由不信故，誹法不合理，謗佛欺騙人，因此墮於長夜黑暗，何時達旦！蓋漫漫生死長夜，佛爲明燈；今既不信佛燈，是卽失大利樂，如『盲人騎瞎馬，半夜臨深流，』墮三途險坑，流轉無窮極！

庚三　重詳信益(三)　辛一　示不疑利益

佛告阿難：是諸有情，若聞世尊藥師瑠璃光如來名號，至心受持，不生疑惑，墮惡趣者，無有是處！

因有有情不信墮苦，故佛苦口婆心，重詳信之利益。是諸有情，泛指人間一切有情。若聞藥師如來名號，至心受持，不生疑惑，必不墮落，若墮惡趣，必無是理！

辛二　明希有難信

阿難此是諸佛甚深所行，難可信解；汝今能受，當知皆是如來威力。阿難！一切聲聞獨覺及未登地諸菩薩等，皆悉不能如實信解；唯除一生所繫菩薩。阿難！人身難得，於三寶中信敬尊重，亦難可得；聞世尊藥師瑠璃光如來名號，復難於是！

此是諸佛甚深所行，與前第二解義相同，諸佛甚深所行，即處處故不另言處。甚深之行，不易信受，而阿難堅決信受，皆由如來威神之力，使之而然，否則妄想思量，必難置信。聲緣二乘，皆通有學無學，未登地諸菩薩者，自十信初發心位，入初阿僧祇成三賢位菩薩；由此入加行位菩薩。十信爲外凡位，三賢爲內凡位，是皆未經二阿僧祇入初地位，故於諸佛甚深行處，不能如實信解。蓋未登地者，無明未破，法性未顯，未得諸佛智慧，須登初地，方能根本證眞，後得觀相，然亦不能於一念中二智圓具。須前念根本證眞，後念後得觀相，隔離不融，故須依據佛說，起比量智慧，比知其理，而起信解。是故地前菩薩，祇可名爲隨敎義而信解，非自能證理而起信解，故告阿難，汝非自力能信解。一生所繫菩薩，可有二義：一約報身說，自初地至等覺，皆可名爲一生所繫，以初地破無明，顯法身，入如來家，慧命相續，雖報身在淨妙土中有輾轉變易，而不再受分段生死，故入初地，亦可名一生所繫；二約應身說，唯以等覺爲一法所繫菩薩，位居補處，如釋迦佛未降生成佛前之一世，爲一生所繫，如今兜率彌勒大士，卽一生所繫菩薩，如是二種菩薩，於諸佛甚深行處，方能少分證信，然以後說爲正，欲界衆生，五趣難居，人身難得，既得人身，若無善根敬信三寶亦難，如今世界若許衆生，不信三寶；然聞藥師如來尤難；此所以明希有難信也。

辛三　結略說指廣

阿難！彼藥師瑠璃光如來，無量菩薩行，無量善巧方便，無量廣大願，我若一劫，若一劫餘而廣說者，劫可速盡，彼佛行願，善巧方便無有盡也。

此明藥師如來之菩薩行，善巧方便，大願皆無量無邊。善巧方便一義，亦可分解：善巧，對種種學問，工藝，伎術，事業，所謂『法門無量誓願學』，對於無量法門皆能練得精緻純熟，故有善巧，所謂『熟能生巧』。方便，卽在施行的方法上種種方式，隨宜而設，爲方便權宜之妙用。但方便通於因果前後，利他設化固屬方便；因中做種種前方便工夫，達到究竟目的，亦是方便。無量菩薩行，唯是因行。無量廣大願，則貫徹無量菩薩行與善巧方便，總攝因果。此皆略明藥師佛德，若廣言之，則千萬劫可速使其盡，而佛功德說莫能窮。此亦正顯諸佛甚深行處，難可解了，不易信受，所以佛與阿難設此問答，極力辨明，以增信也。

戊二　救脫延壽周（四）　己一　救脫示延壽法

爾時，衆中有一菩薩摩訶薩，名曰救脫，即從座起，偏袒右肩，右膝著地，曲躬合掌，而白佛言：「大德世尊！像法轉時，有諸衆生，爲種種患之所困厄，長病羸瘦，不能飲食，喉脣乾燥，見諸方暗，死相現前，父母親屬朋友知識，啼泣圍繞；然彼自身臥在本處，見琰魔使，引其神識至於琰魔法王之前。然諸有情，有俱生神，隨其所作，若罪若福，皆具書之，盡持授與琰魔法王。爾時彼王，推問其人，計算所作，隨其罪福，而處斷之。時彼病人，親屬知識，若能爲彼歸依世尊藥師瑠璃光如來，請諸衆僧，轉讀此經，然七層之燈，懸五色續命神旛，或有是處，彼識得還，如在夢中，明了自見。或經七日，或二十一日，或三十五日，或四十九日，彼識還時，如從夢覺，皆自憶知善不善業，所得果報；由自證見業果報故，乃至命難，亦不造作諸惡之業。是故淨信善男子善女人等，皆應受持藥師瑠璃光如來名號，隨力所能，恭敬供養！

有情持奉益文中有三周，今第二救脫延壽周。前消災周主重消災，亦明延壽；今延壽周主重延壽，亦明消災。爾時衆中，卽佛在樂音樹下，與法會大衆說消災周竟，會中有救脫菩薩摩訶薩，從座而起。摩訶薩卽大菩薩。初阿僧祇十住位，對前十信言，亦稱大菩薩；次阿僧祇對初阿僧祇亦稱大菩薩；今指三阿僧祇一生所繫菩薩，方能信解此法，助佛宣弘。救脫者，顯其能救度衆生脫離苦厄，因以立名。菩薩有從智慧苦行，誓願大悲救苦等功德立名，今取大悲救苦。從座而起，至曲躬合掌，皆表特別致敬，以救脫所示之法，非泛泛之論，乃廣利衆生，爲藥師法中之特殊勝用。諸衆生，指人類而言。衆生與有情同，有情爲數取趣補特伽羅，衆生乃五蘊衆緣假合而成；然衆生通于情與無情動植之物，而植物則不能稱爲有情，此其範圍寬狹稍異。像法轉時，魔强法弱，種種苦厄，不可言喻！長病羸瘦等，言病時之狀態。見諸方暗，死相現前，言藥石無効，將死不久。父母親屬等，言看病者之苦境。當爾之時，病者自身臥其病處，死相現前，前一刹那，昏迷不覺，後一刹那，卽見琰魔使者，引其神識，至琰魔前，執法受刑。蓋琰魔爲地獄執法之王，今諸衆生，死前見諸方黑暗，皆墮落之象徵，故其神識爲琰魔使引入獄中。神識者，經中明有四有：吾人住世之果報色身爲本有；此身壞滅時爲死有；死已未生，其中間爲中有；中有壽盡轉世，則爲生有。由生有故，後復本有，如是四有循環無已，但生死二有時間極短；本有則隨生類壽命，各自長短；中有壽命小而七日，多至四十九日，亦有處說不定。今之神識，卽指中有，古譯神魂，似與今日所謂之靈魂相近。然佛教破除精神主宰之實我，何今言有神識相續之我體耶？此有四義：一爲對治凡夫斷見，說有有情神識相續。以斷見有情執此色身壞時，卽歸滅無，所謂『肉化淸風骨化泥』，因此撥無因果，造諸惡業，當墮大坑。佛憐此故，說有「四有相續』於中有微細五蘊之中，有相續不斷，凡夫難知，說爲神識，建立因果之相，以破斷見。二因常見有情，於此五蘊中有之連續中，起常見想，執爲實有主體，不變常住之我存在，故進一步說我由五蘊十二處十八界等法所成，衆緣所生，原無實體，則此神識，乃屬五蘊中之識蘊，十二處之意根，十八界中之意根與意識，根塵識三和合而成，原無實我主體，故此言神識，迥異普通靈魂之說。三二乘聲聞等聞說無我，斷煩惱因證我空果，而於蘊等法上起實有執，故再進一步，明諸法緣生無性，畢竟空寂，破其法執。四有人不如實知畢竟空義，於畢竟空中，起虛無見，而與斷見有情撥無因果相似，故更進說三界唯心，萬法唯識之理，明諸法皆由心識變現，如水露陽燄，夢幻泡影。今卽於夢幻泡影中，說有神識，隨五蘊現，其性本空，而與靈魂之說，不可同年而語。然此雖有四說，立神識名，專對斷見。俱生神者，亦作淺深二說，淺說者，如人生各有年月日時不同，而有情隨之俱生，此專對凡夫外道斷見有情而說；深說者，無此俱生之神，以前說神由蘊等法成，而蘊等法空，乃至進說唯識。則此俱生神，卽阿賴耶識，此識爲異熟業報之總體，名俱生神，所造善惡，由其儲積。然其受熏持種，行相微細，不得而知，及其果報現前，方能明曉，如黑暗中寫字，不見形色，乃至光來，宛然入目，知其爲白爲黑，而其爲罪爲福，皆由琰魔羅王執法審判，賞善罰惡無私不阿。但琰魔之爲執法之王，雖屬自業之報，亦由諸惡有情之共業增上而成，如今之總統爲一國之主，亦由全國人民共業助成。故其爲王也，說之有福，則一日三時，烊銅灌口，自然現前不免業苦；說之無福，則由共業增上，爲執法王，管理地獄有情。故今死者，卽至其前，善惡苦樂由其審配。然此與佛之法義，亦不相違，以琰羅亦由蘊等諸法假和合成；有情業力增上，亦與唯識所現相應，而不違異。時彼病人等文，意言病人死已，諸根未壞，又未轉世受生，此時若有親屬知識，爲彼皈依藥師如來，請僧讀誦此經，燃七層燈，懸五色旛，由功德力，神識復還，如夢醒來，且於地獄受判之刑罰及家眷修法之情境，亦自了了。懸七層之燈者，卽如塔之七層，每層懸七燈，及設供七尊藥師佛，或依七佛本設供七佛。并懸五色綵旛。由斯功德，彼神識或於一七日還，或三七日還，或五七日還，或七七日還，此顯時間久暫不定。故人初死，必待數日方葬，以尙有返生之可能。但此皆由阿賴耶識，相續執持之潛勢力，然阿賴耶識，徧一切處，本無所謂還與不還，其所以有還與不還，中有意識起分別耳。意識，一剎那不覺，卽昏迷死去，一剎那起分別，卽成中有，再一剎那如夢覺而生，乃能憶知地獄善惡業報之賞罰，由此作人，卽遇自身失命之難，寧捨不惜，而不敢再造惡業墮苦也！常人未知此境，往往不信因果輪迴之說，今此人由自心證見，親歷其境，故能如此堅決。卽如因饑餓命危，甯使其死，必不非理奪食苟延殘喘而造惡業也！此顯由藥師之力，不但復命，亦能使之洗心革面，走上自新之路也。此類因緣，在中國古書堆裏，及佛典中，不勝枚舉。如今本寺舍利殿之利賓菩薩，昔爲獵人，死墮地獄，由佛力指引，還生出家，拜出舍利，成爲慧達大師，自利利人，百代流芳，相傳是利賓菩薩應世，亦與此相類耳。故是淨信善男子，下，普勸隨力所能，供養恭敬藥師如來，福不唐捐！

己二阿難問儀軌（三）　庚一救身病以延身命

爾時，阿難問救脫菩薩曰：「善男子！應云何恭敬供養

彼世尊藥師瑠璃光如來，續命旛燈，復云何造？」救脫菩薩言：「大德！若有病人，欲脫病苦，當為其人，七日七夜，受持八分齋戒。應以飲食及餘資具，隨力所辦，供養苾芻僧，晝夜六時，禮拜行道，供養彼世尊藥師瑠璃光如來，讀誦此經四十九遍，然四十九燈，造彼如來形像七軀，一一像前，各置七燈，一一燈量大如車輪，乃至四十九日，光明不絕。造五色綵旛，長四十九搩手，應放雜類眾生，至四十九，可得過度危厄之難，不為諸橫惡鬼所持。

阿難既聞救脫延壽之法如是勝妙，故問修法之儀軌，以資實行。其問題有二：一應云何恭敬藥師如來？二續命旛燈應云何造？救脫答中意顯病者欲脫病苦，自以能隨力作諸功德爲最好。若自病重力難勝任，可由家眷代作功德，供養藥師如來，讀經燃燈造像等，皆示修法儀軌。晝夜六時者，古印度晝三時夜三時合爲六時，卽所謂初夜分，中夜分，後夜分。如中國古時晝夜十二時，今用鐘表，則晝夜二十四小時。燈量大如車輪，亦猶今日西藏佛前之大油燈。造五色綵旛長四十九搩手，此正答續命燈旛應云何造之問題。搩手，卽以手度物也。言續命旛之長，須由手指量以四十九搩手。應放雜類衆生至四十九者，四十九爲數目，或放四十九類生命或四十九日，每日放生一次。如是功德，卽可免除一切危險與橫難，此所以救他身生命卽延自生命也。

庚二救國難以延身命

復次，阿難！若刹帝利灌頂王等，災難起時，所謂：人衆疾

疫難；他國侵逼難；自界叛逆難；星宿變怪難；日月薄蝕難；非時風雨難；過時不雨難；彼刹帝利灌頂王等，爾時應於一切有情，起慈悲心，赦諸繫閉。依前所說，供養之法，供養彼世尊藥師瑠璃光如來。由此善根，及彼如來本願力故，令其國界，卽得安隱，風雨順時，穀稼成熟，一切有情，無病歡樂。於其國中，無有暴惡藥叉等神，惱有情者，一切惡相，皆卽隱沒，而刹帝利灌頂王等，壽命色力，無病自在，皆得增益。

此救國難，獨舉刹帝利灌頂王等者，上古以帝立國，帝王為全國人民之主腦，故救國難，獨舉刹帝作代表。刹帝利居印度四姓階級之第二，爲帝王貴族，專掌軍政。如釋迦佛爲釋迦族種，乃刹帝利族中之一族。灌頂王者，太子受位以四大海水灌頂，表其將來能統一四海之衆，如轉輪王登位，統領四洲，亦猶今日帝國元首之加冕典禮。國難發生，國家命危，故救國難，卽救國命。古來一國生與一國滅亡，其滅亡之日，則『國破山河在』，一切文化種族等皆與之俱亡，故國難當前，必極力設法救濟，否則國命絕矣。人衆疾疫難，卽瘟疫流行，傳染所至，人死野荒。如古西洋有「黑死症」，死者無數，種族幾滅。佛敎說刀兵，飢饉，瘟疫小三災，此爲其一。他國侵逼難，卽外禍侵略，政權被奪。自界叛逆難，謂以國疆爲界域中叛亂，此爲內憂。上三難皆是人與人間造成之國難；星宿變怪難等全由天災造成之國難。星宿經行天空，皆有一定數度，遇變怪時，卽失其常態。日月薄蝕難，薄指尚存微光，蝕則完全無光。今天文學家亦常發見平常所無的怪異的星宿，起地球被毀傳說，又在日中發見黑子，可予人類不良影響。故雖能推定日月薄蝕之日時，然其對日中之黑子爲何物，尙無法研究。非時風雨難，卽狂風暴雨爲難。過時不雨難，卽旱災，如今中國北五省陝西等處，連年穀物無收。中國古書上亦有三年不雨，五年不雨等災難。此中數難，皆擧其大者而言。遇有此等國難發生，刹帝利等應一面於同類之人，起拔苦與樂之心，大赦囚犯；一面依前所說修法儀軌，如法供養如來。由自善根力，由佛功德力，感應道交，一切惡事可化烏有，依然國泰民安，而刹帝利等自身，亦能增福延壽。此中善根，卽由慈悲心所成三善根中無嗔所攝。暴惡藥叉等神，本由有情共業增上力所引致，今修善滅惡，善根增長，則暴惡亂惱之惡神，亦自歛跡。如溝水中蟲生，因汚所積，若水淸潔，則蚊子蒼蠅等侵害有情之物，皆不得生矣。

庚三　救諸難以延諸命

阿難！若帝后妃主，儲君王子，大臣輔相，中宮綵女，百官黎庶，爲病所苦，及餘厄難；亦應造立五色神旛，然燈續明，放諸生命，散雜色花，燒衆名香，病得除愈，衆難解脫。

前救國難以延國命，則以刹帝利灌頂王等領導人民而救之。此救諸難以延諸命，則上自帝后妃主，下至百官庶黎，各人有難，各人自救。儲君卽王太子。儲者，藏義，儲藏以候補王位。故輔相，包左輔右弼，臣中上首。庶黎，卽衆庶黎民。或爲病所苦，或遭餘難，如家族有家族難，團體有團體難，若能修習藥師佛法，皆得解除衆難。此放諸生命，亦正指各人隨力所能之事也。

己三答阿難問延壽

爾時阿難問救脫菩薩言：「善男子！云何已盡之命，而可增益？」救脫菩薩言：「大德！汝豈不聞如來說有九橫死耶？是故勸造續命旛燈，修諸福德，以修福故，盡其壽命，不經苦患。』阿難問言：『九橫云何？』救脫菩薩言：「若諸有情得病雖輕，然無醫藥及看病者，設復遇醫，授以非藥，實不應死，而便橫死；又信世間邪魔外道妖孽之師妄說禍福，便生恐動，心不自正，卜問覓禍，殺種種眾生，解奏神明，呼諸魍魎，請乞福祐，欲冀延年，終不能得，愚癡迷惑，信邪倒見，遂令橫死，入於地獄，無有出期，是名初橫。二者橫被王法之所誅戮。三者畋獵嬉戲，躭婬嗜酒，放逸無度，橫為非人奪其精氣。四者橫為火焚。五者橫爲水溺。六者橫爲種種惡獸所噉。七者橫墮山崖。八者橫爲毒藥厭禱咒詛起屍鬼等之所中害。九者饑渴所困，不得飲食而便橫死。是爲如來略說橫死，有此九種，其餘復有無量諸橫，難可具說。

人命生死，業數有定，前言人死復生，豈不違業命之說乎？故阿難問云何已盡之命而可增益？救脫答中明九橫死。橫死者，未善終其天年，寃枉而死，其壽原未享盡，故若設法救濟，卽可復活，如一盞燈油，本可然燒一夜，而因漏卮或傾覆半夜而盡，若再添油，卽可復然而達旦。實則人生在世，善終者少，橫死者多，故勸造續命旛燈，修諸福德，卽可續其壽命。但就佛法言，不但未盡之壽可續，卽已盡之壽，亦可復續。如修禪定者，得五神通，能將已盡之壽，延至一刧至數刧之久，但今唯就常人橫死而言。初橫死中，總有二種，一得病本輕，藥之卽愈，而無藥無醫，無看護者；又雖遇醫，授以非藥，庸醫殺人，實不應死而橫死。二、雖得輕病，而誤信世間邪魔外道妖孽之怪誕，迷惑恐怖，心旌搖搖，欲冀延年，殺諸生命祭祀神明，乞憐魍魎；殊不知殺他生命，即害自生命，實不應死而橫死。此皆因愚癡無智不以藥治，妄信邪說，自戕生命；且還因此造業，永墮地獄無有出期！第二橫死，侵害他人權利，墮落法網，橫被王法誅戮其命。第三橫死，畋獵縱慾，嗜酒放逸無度，致遭非人奪其精氣而橫死。如今之賽跑，賽馬，游泳，跳舞，狂歡縱慾無制，往往誤死。第四至第七可知。第八橫死，或爲毒藥所斃，或如前說爲寃家呪詛起屍鬼等所中而死，今黔湘之間，尚傳此法，如害死人能以符呪呪起死屍，令還故鄉，亦由起屍鬼之作用。第九橫爲饑渴所困而死，或自飢渴而死，或被禁飢渴而死，或自甘願飢渴而死。如是九橫皆爲常人之事，實而人自不知，乃佛從俗諦方便闡明其事。又依佛法眞諦，九橫各有深義，如第一橫死因愚癡故誤信邪外，自傷慧命。第二橫死，不守戒律，破壞佛制，至害法身，總之皆因不依戒定慧六度等法門修學，致遭橫死，而在言詞善巧，不妨以俗事而顯眞理也。此言九橫，略說而已，若廣言之，一一橫中，各有無量諸橫，說不能盡，然於彌留之際，修此藥師佛法，皆可不遭橫難而延續壽命也。

己四救脫重勸修度

復次，阿難！彼琰魔王主領世間名籍之記，若諸有情，不孝五逆，破辱三寶，壞君臣法，毀於信戒，琰魔法王，隨罪輕重，考而罰之。是故我今勸諸有情，然燈造旛，放生修福，令度苦厄，不遭衆難。

琰魔羅王，前已言之詳矣。其爲主領世間名籍之記者，三界衆生，煩惱未斷，生死未了，皆在其勢力範圍管領之下。昔有比丘修諸禪定，臨終生四禪天，而因起謗法之念，須臾卽落地獄。故不但人有墮獄之危，卽至非非想處壽命八萬四千歲，盡時亦墮地獄，不能超越琰魔羅王之範圍支配，蓋琰魔羅王爲可墮地獄有情共業增上而成，故有情之年貫名籍，皆操其手；賞善罰惡，由其指使。五逆者弑父，弑母，弑阿羅漢，破和合僧，出佛身血。不孝乃五逆之首。三寶佛法僧爲萬善之基礎，究竟之依歸，若事破壞，自失義利，復造重罪。君臣之法，乃國羣秩序，壞亦罪重。性戒者，戒有遮戒與性戒，遮戒唯屬佛制遮止不作之戒，性戒乃本性是惡法，人人宜戒，如殺盜邪婬等，若已受戒者，若未受戒者，毁之皆罪。如是種種罪業，死必應墮地獄而受琰魔法王之考罰。然此諸業，有不知而犯，有明知故犯，有無意而犯；即今世未犯，而無始劫來未有不犯者。故懺悔文云：『我昔所造諸惡業，皆由無始貪嗔癡』，亦即懺悔往業。故人人皆有業因，必招業果，人人不能脫離琰魔王法，是以重重勸脩藥師佛法，或於現生增長福壽，或於臨終往生淨土，超脫三途，是皆救脫菩薩之大悲表現也。上救脫延壽周文竟。

戊三藥叉誓護周（三）　己一列藥叉衆

爾時，衆中有十二藥叉大將，俱在會坐，所謂：宮毘羅大將，伐折羅大將，迷企羅大將，安底羅大將，頞你羅大將，珊底羅大將，因達羅大將，波夷羅大將，摩虎羅大將，眞達羅大將，招杜羅大將，毘羯羅大將，此十二藥叉大將，一一各有七千藥叉，以爲眷屬。

有情持奉盆中三周，今第三藥叉誓護周。藥叉神將聞佛法後，感佛恩德，發大誓願，荷負有情，故有此周。此中有三，今初列十二神將之名。藥叉翻音，非同藥師翻義，亦作「夜叉」。一常聞夜叉之名，即同羅刹等起凶惡驚怪之想，實則不然，蓋藥叉非如羅刹等之專害人者。佛教說八部衆，藥叉位列第三。四天王八部神將，藥叉居首。故無論在佛敎，在護世四天王，藥叉皆居次要與主要地位，護持佛法誓願弘深，故藥叉異常人之觀念。復次，藥叉卽金剛力士，有天行藥叉，空行藥叉，地行藥叉。其義翻爲「勇健」亦正顯其是勇敢强有力者，不被一切摧伏，而能摧伏一切，故諸佛菩薩往往現此金剛力士藥叉身。又翻「疾捷」顯三種藥叉威德自在，人間天上，往來迅速，其疾如風。復次，一行禪師在大日成佛經疏中翻爲「祕密」其請佛說法之祕密主，卽藥叉主，以其勇健疾捷，一切身語意業神變莫測，故名秘密。又楞伽經在楞伽山爲藥叉王說，其威力極大，故大日經中稱之爲祕密主。復次，鳩摩羅什亦譯「貴人」言其爲富貴人，自富貴復能使人富貴而居人之上。古印度民間求神之易感應者，藥叉居多，故其祀奉亦極普徧。又密部呪語，皆列上首鬼神名號，而其最名最靈驗者亦推藥叉。蓋呪語有生善滅惡之功効，其義譯作「遮持」卽遮一切惡持一切善，故藥叉能有求必應。昔清辯菩薩著掌珍論綜龍樹中論明一切空義，與護法菩薩一切唯識義，互相抗衡，而二說各具堅固之理，互不摧折。乃發願保其色身，留待慈氏證明，求觀音大士滿其所願。後得觀音感應，持呪呪開岩石，有藥叉神出現，引入其中，保留色身，以待慈氏，得滿所願。此亦由藥叉神將之力，其所持咒亦屬藥叉神咒。上來所說各節，皆所以顯藥叉神將在佛法中所居地位之重要也。又此經明十二大願與十二藥叉神將，亦極有密切關係。藥師本因地中所發十二大願，上求佛德，下利有情，果上得滿本願，乃等流爲十二藥叉神將，故十二大願，卽化成十二藥叉神將。故十二神將，乃佛果之化身，如西方彌陀欲令法音宣佈，變化衆鳥，而今東方藥師欲令十二大願具體表現，化此十二神將。故約跡而論，爲十二神將；約本而論，卽佛身等流也。「宮毗羅」義爲蛟龍，卽金龍身首。「伐折羅」義爲金剛，手執金剛杵故。「迷企羅」義爲金帶，腰束金帶故。「安底羅」義爲被空山。「頞你羅」義爲沉香。「珊底羅」義爲螺女形，首冠華髮如螺故。「因達羅」義爲能天主，亦云地持。「波夷羅」義爲鯨魚，長大如鯨故。「摩虎羅」義爲蟒龍。「眞達羅」義爲一角，頭有一角故。「招杜羅」義爲嚴幟，又云殺者。「毗羯羅」義爲善藝。此十二名字不必作何等解釋，若依印度原音呼召，卽與神呪有同等功効。故下文定經名云：『亦名說十二神將饒益有情結願神呪，』故十二名字亦可當呪持誦，呼其上首名號，部衆皆服。此十二神將各有七千藥叉以爲眷屬，既爲首領，必有部衆，首領既來，部衆必俱。如藥師有七佛，而以藥師爲主，餘六佛爲伴，七佛合作，成其曼答囉之團體，舉念一佛功德，七佛齊彰焉。

己二　感恩護法

同時舉聲白佛言：『世尊！我等今者，蒙佛威力，得聞世尊藥師瑠璃光如來名號，不復更有惡趣之怖。我等相率，皆同一心，乃至盡形歸佛法僧，誓當荷負一切有情，爲作義利，饒益安樂，隨於何等郵城國邑空閑林中，若有流布此經，或復受持藥師瑠璃光如來名號，恭敬供養者，我等眷屬，衛護是人，皆使解脫，一切苦難，諸有願求，悉令滿足，或有疾厄求度脫者，亦應讀誦此經，以五色縷，結我名字，得如願已，然後解結。」

既聞佛法，蒙佛威德，獲大利樂，故發願擁護是法，流通是法。無惡趣恐怖，可有二義：一藥叉依六趣言，屬雜趣攝。依五趣言，屬鬼趣攝。既在惡趣，自然不免恐怖，但今由佛力加被，作利生事，雖在惡趣，而不生恐怖。二蒙佛威力，問佛法後，善根增長，從此不復更墮惡趣，故無恐怖。但此二義，猶屬淺釋，若作深解，藥叉由聞法功德威力，攝跡歸本，即成藥師佛心的十二大願，將跡上所現之相，攝歸果上不思議功德之本，皆是藥師如來法身等流身利樂衆生之妙用，如彌陀之化衆鳥，則覓惡趣之相尚了不可得，何恐怖之有？此其所以感恩護法也。我等相率，皆同一心，此之一心，最爲難得！彥云：『二人同心，其利斷金，』人不在多，若能志同道合，協力一心，卽有作爲。周武王說：『紂有億萬人億萬心，周雖三千人，皆同一心，故亡紂者必周』。今無量藥叉，皆同一心，皈依三寶，荷負一切有情，其能如此，皆由佛力。義利二字，依中國向來解釋，可作二種：一以利爲利，只顧個人利益，不管他人幸福者，屬於不義之利，二以義爲利，至其極所謂『殺身成仁』，『捨生取義，』見有於他人利樂之事，雖犧牲個己之物質財產與精神生命，亦所不惜。今藥叉神將，唯作義利，故饒益有情也。依佛敎解義利：利他爲義，自利爲利；與將來安樂爲義，與現世安樂爲利；出世福爲義，世間福爲利；眞諦第一義爲義，俗諦轉煩惱成菩提爲利；今藥叉卽作如是義利，安樂有情。此義利旣通現世與未來，故若此世，若他世，若在邨國城邑等此經流布處，此人讀誦處，皆起衞護，令諸修法有情，離苦得樂。是故此十二神將之誓願，卽成七佛本因之誓願，爲此經所宗重。悉令滿足卽消災，有疾厄，求救脫卽延壽。但消災延壽，須梵字或華字，結成名字，皆得隨願求遂；此卽藥叉神將所發之願也。

己三釋尊讚許

爾時世尊，讚諸藥叉大將言：「善哉！善哉！大藥叉將！汝等念報世尊藥師瑠璃光如來恩德者，常應如是利益安樂一切有情！」

此釋尊讚許藥叉大將，既上求藥師佛德；復下度有情衆苦，難得希有，故雙讚善哉。又汝等藥叉，蒙佛威力，無惡趣怖，今宜念佛恩德，發起如是利益安樂一切有情之心，以恩報恩，理之當然也。

乙三流通分（二）丙一結名奉持

爾時阿難白佛言：「世尊！當何名此法門？我等云何奉持？」佛告阿難：此法門名說藥師瑠璃光如來本願功

德；亦名說十二神將饒益有情結願神咒；亦名拔除一切業障；應如是持！

前正說分中先示體相，總顯此經之宗體；後明機益，彰此經之妙用；則此經之全體大用詳矣。今此流通分先結經名，更使見者一目了然；而阿難爲此經之記錄結集者，故發斯問，立經總題，俾後世流通，憶持不忘。佛定此經，總有三名：一名說藥師琉璃光如來本願功德經；此從示體相中總明依正莊嚴之體，因果功德之相而立名。一名說十二神將饒益有情結願神咒經；此從明機益之妙用上立名。十二神將，荷負有情，誓願弘深，凡有所求，必感應驗；而藥師自受用身甚深行處，等覺不知，末世衆生，功德果海，感應爲難，故就藥師等流法身之十二神將，堪能饒益有情而立斯名。故今講此經，特將藥叉誓護周攝於正說分中也。一名拔除一切業障經；此從機益，皆明消災延壽，拔苦與樂之文而立名。既標經名，應如是持奉！

丙二列衆信受

時薄伽梵說是語已；諸菩薩摩訶薩；及大聲聞；國王大臣，婆羅門，居士；天龍，藥叉，健達縛，阿素洛，揭路荼，緊捺洛，莫呼洛伽，人非人等，一切大衆；聞佛所說，皆大歡喜，信受奉行！

此一段文，爲記錄結集者所叙述。佛說此經已，結集者列出信受之衆，有菩薩衆，聲聞衆，人衆，八部衆。人衆，卽舉國王大臣等爲代表。八部衆者：天，龍，藥叉見前釋。健達縛此云尋香，尋覓香氣爲飲食故，乃天樂神。阿素洛卽阿脩羅，此云無天德，有天福而無天德故。揭路荼此云妙翅鳥，乃大孔雀神也。緊捺洛此云疑人，似人而頭有角，乃天歌舞之神。莫呼洛伽，乃腹行神，卽蛇蛙等之變化能神者。菩薩，聲聞，國王等爲人；天龍等爲非人。如是人非人等，聞釋迦佛說是經已，皆大歡喜，信受奉行。蓋聞法後，須生歡喜，方堪信受，若不歡喜，卽難信受，而失說法之用。所謂『禪悅爲食，法喜充滿』，歡喜心油然而生，說法時間雖久，忘其疲倦，而正信受，既信受已，則堪實踐奉行，方能證果。此顯佛法重於行證，而行證須先信受，信受方能行證；故說經之後，皆曰信受奉行，明佛法非徒口空言所能奏効也！故今講完，謹祝願云：——

聞藥師法，信受奉行！消災免難，增福延壽；

風調雨順，國泰民安，饒益有情，同成正覺！

古，五月十六日，完。

竺摩校後跋

佛法平等，原無高下，得其門而入，處處皆通，背其道而馳，頭頭障礙。佛陀說法，原以人類衆生爲其中心對象，隨衆生八萬四千之病症，施治以八萬四千之法藥，法法悉能療病，門門皆可入道，所謂歸源無二路，方便有多門也。中國佛教，自唐宋以降，偏重念佛往生，彌陀法門，如春風偃草，天下披靡；而藥師法門，雖間亦不無高士提倡，行人獲益，然終不及彌陀法門之普偏弘盛。實則東西法門雖殊，淨土理性一也，故本經云：『然彼佛土，亦如西方極樂世界功德莊嚴等無差別，』信非虛也。唯本經所注重者，不特往生淨土，而尤特重於現實人生之應用。如藥師所發之十二大願，若推演其義而仿行之，則於政治之建設，社會之改良，民生問題之解決，胥可獲補偏救弊之功效。近年戴院長等建立藥師法會，發願倡導，亦本此義也。又如消災周與延壽周等文，皆極重於現生需要，設以種種儀軌方法；惜此義爲古來所忽略耳。今夏太虛大師應源龍長老之邀，宣講此經於育王寺，竭力發揮此義，以爲倡導。囑余筆受講義。余以力難勝任却之，不許。大師得無礙辯，妙義重重，瀉如懸河，黽勉作記，掛一漏萬，深自畏懼！旣付佛局印成，復經余重校一過，更正不少，間有數處字句存疑者，恐係謄者之誤，因大師飛錫他處，不便諮詢，然亦無關大體也。本經註疏，自唐迄清，不下十數家，或存或亡，鮮人顧問。今年佛局何子培氏，曾集各家註疏要義，作成旁解；今復得大師闡其精微，妙義翻新；一可讀誦，一可參閱，堪稱雙璧！吾知是二書行世，藥師法門必家喻戶曉，由衰替轉趨弘盛焉！

竺摩，廿三年，中秋日，校後跋於慈谿金仙寺白湖講舍。

國家圖書館出版品預行編目資料

藥師本願經講記 / 太虛大師著. -- 1 版. -- 新北市：華夏出版有限公司, 2023.05
面； 公分. -- （Sunny 文庫；259）
ISBN 978-626-7134-43-6（平裝）
1.CST：經集部

221.712 111011281

Sunny 文庫 259
藥師本願經講記

著 作 太虛大師
印 刷 百通科技股份有限公司
電話：02-86926066 傳真：02-86926016
出 版 華夏出版有限公司
220 新北市板橋區縣民大道 3 段 93 巷 30 弄 25 號 1 樓
電話：02-32343788 傳真：02-22234544
E-mail： pftwsdom@ms7.hinet.net
總 經 銷 貿騰發賣股份有限公司
新北市 235 中和區立德街 136 號 6 樓
電話：02-82275988 傳真：02-82275989
網址：www.namode.com
版 次 2023 年 5 月 1 版
特 價 新台幣 320 元 (缺頁或破損的書，請寄回更換)

ISBN： 978-626-7134-43-6

《藥師本願經講記》由佛教書局授權華夏出版有限公司出版